Unsere
ZUKUNFT
VISION ODER WIRKLICHKEIT?

EDITION XXL

INHALT

Das Auto ist umweltfreundlich, intelligent und sicher. Fossile Brennstoffe und Auspuffe gehören der Vergangenheit an. Nun setzt man auf alternative Energiequellen. Es fährt ohne Schlüssel, ist stets mit dem Internet verbunden und vor allem lenkt und parkt sich das Auto selbst. Es erkennt sogar, wer am Steuer sitzt, und merkt sich die Vorlieben jedes Fahrers.

Das Auto

Ohne Fahrer

Ein Lenkrad gibt es noch (für den, der lenken will!), aber der Fahrer kann sich auch mit anderen Dingen beschäftigen, da ihn sein Auto von allein ans Ziel bringt.

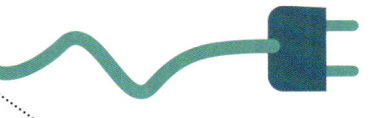

Ohne Schlüssel

Das Auto erkennt das Gesicht, die Stimme und den Fingerabdruck des Besitzers; so wird es immer schwieriger, ein Auto zu stehlen.

Elektromotor

Der Motor ist leicht und umweltfreundlich. Der Brennstoff kommt aus alternativen Energiequellen: vor allem Strom, aber auch Sonne und Wasserstoff.

Ohne Spiegel

Statt der Außenspiegel gibt es Videokameras im Auto, die für eine 360-Grad-Rundumsicht sorgen.

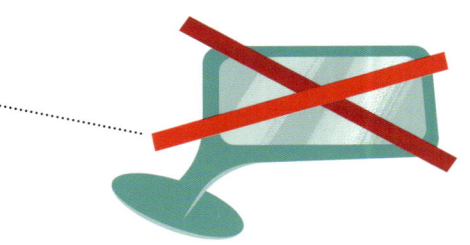

IMMER ONLINE

Das Auto bekommt immer wichtige Verkehrsinformationen über das Internet. Das bedeutet vor allem: weniger Unfälle und weniger verlorene Zeit in Staus.

INTERAKTIVE SCHEIBEN

Windschutzscheibe und Fenster ersetzen das Amaturenbrett. Sie zeigen die Geschwindigkeit, den Energieverbrauch des Autos, musikalische Playlists und so weiter an.

WIEDERAUFLADBAR

Solarzellen sammeln Sonnenenergie und übertragen sie aufs Fahrzeug. An E-Tankstellen wird das Auto zusätzlich mit Strom versorgt.

3D-AUSDRUCK

Superleicht und … ausgedruckt in weniger als 24 Stunden! Dank Materialien wie Kohlenstoff und Aluminium sind das Gewicht des Autos und sein Verbrauch massiv gesunken. Autos entstehen in 3D-Druckern, was viele individuelle Kundenwünsche zulässt.

RÄDER

Die Räder aus Spezialgummi, selbstaufblasend und selbstreparierend, sind eins mit dem Rad. Sie enthalten einen Mikrochip, der dem Auto die Straßenbedingungen übermittelt, sodass es den Fahrstil automatisch anpasst.

CARSHARING

Damit kann jeder auf Bestellung ein Auto nutzen, ohne es zu besitzen. Das Auto, je nach Bedarf ein bequemer Kleinwagen oder ein geräumiger Van, holt uns direkt zu Hause ab und kehrt anschließend allein an seinen Parkplatz zurück. Und wenn jemand ein Auto hat? Statt unbenutzt in der Garage oder vor dem Arbeitsplatz zu stehen, kann es andere Menschen an ihr Ziel bringen. Daran verdienen seine Besitzer und der Umwelt kommt es auch zugute.

GESICHTSERKENNUNG

Das Auto erkennt nicht nur das Gesicht seiner Fahrer, sondern „lernt" auch deren Vorlieben (Sitzposition, Temperatur der Klimaanlage oder Musikgenre) und stellt sie automatisch beim Einsteigen ein. Das Auto erkennt auch die Stimmung der Person am Steuer, schlägt ihr die dazu am besten passende Musik vor oder warnt sie vor eventuellen Ablenkungen oder vor dem Einschlafen.

DAS AUTO PARKT ALLEIN EIN

Die Kombination aus autonomem Fahren und intelligenten Einparkhilfen sorgt dafür, dass das Auto von Mama und Papa immer einen freien Parkplatz findet, ohne dass man lange suchen muss oder Angst haben muss, es beim Einparken zu beschädigen.

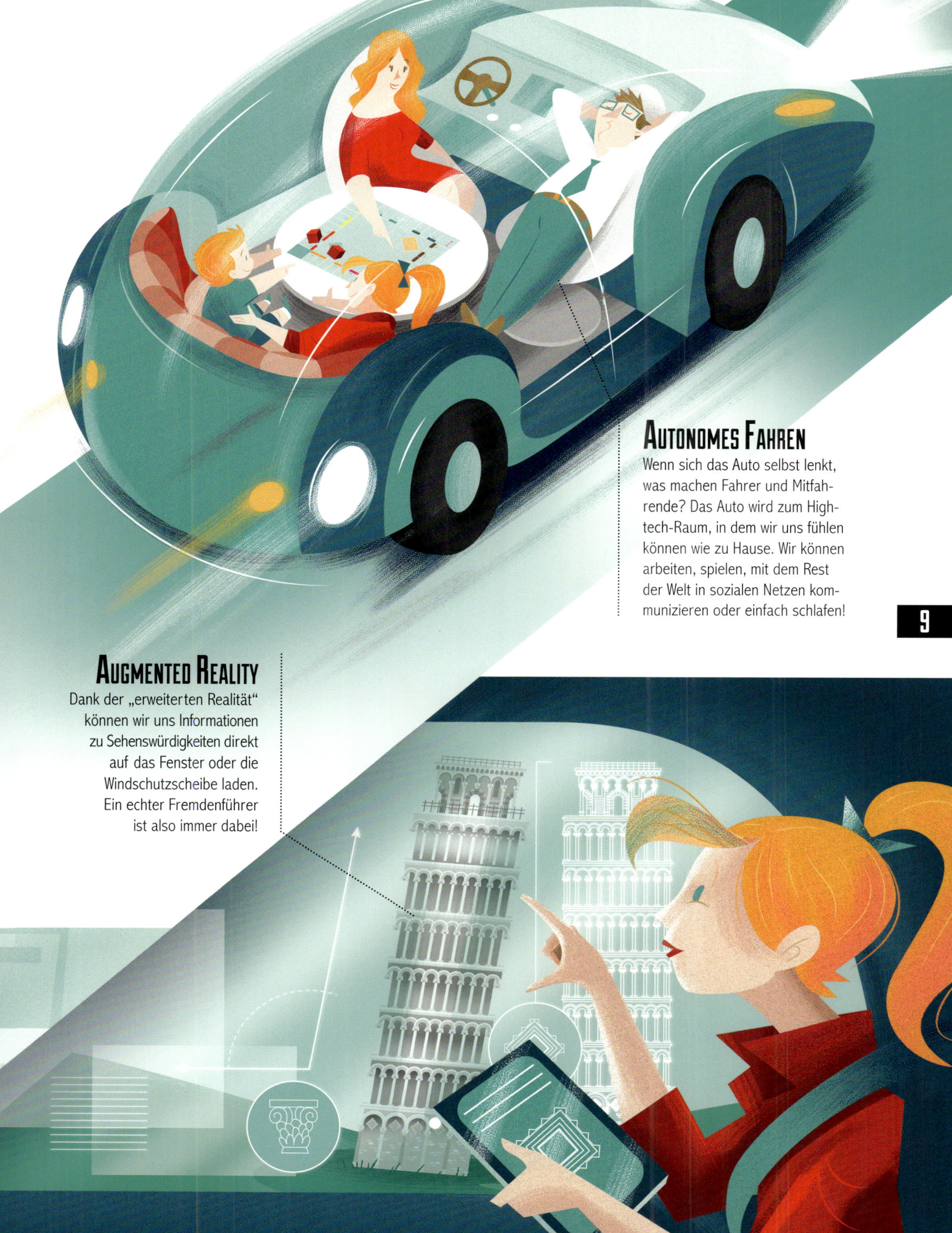

AUTONOMES FAHREN

Wenn sich das Auto selbst lenkt, was machen Fahrer und Mitfahrende? Das Auto wird zum Hightech-Raum, in dem wir uns fühlen können wie zu Hause. Wir können arbeiten, spielen, mit dem Rest der Welt in sozialen Netzen kommunizieren oder einfach schlafen!

AUGMENTED REALITY

Dank der „erweiterten Realität" können wir uns Informationen zu Sehenswürdigkeiten direkt auf das Fenster oder die Windschutzscheibe laden. Ein echter Fremdenführer ist also immer dabei!

FLUGZEUGE UND FLUGHÄFEN

FLIEGEN WIRD ZUM SPASS. BEQUEM, ÖKOLOGISCH, SICHER UND VERGNÜGLICH (IM FLUGZEUG KANN MAN AUCH SPIELEN). MIT ÜBERSCHALLFLUGZEUGEN LASSEN SICH IN WENIGEN MINUTEN OZEANE ÜBERQUEREN. UND DIE FLUGHÄFEN? SCHLUSS MIT SCHLANGEN UND ZEITVERLUST: ALLES IST AUTOMATISCH UND SCHNELL.

ULTRASCHNELL UND ULTRALEICHT

Neben klassischen Flugzeugen gibt es auch superschnelle, die mit rund 30 000 km/h fliegen: Für den Transatlantikflug von London nach New York braucht man kaum 15 Minuten! Es gibt auch Kleinflugzeuge für Kurzstrecken, die wie Hubschrauber aufsteigen und dann horizontal weiterfliegen. Alle sind viel leichter als bisher: Das Geheimnis ist Microlattice, ein superleichtes Metall.

MODULTECHNIK

Vergesst die endlose Warterei und das Gedränge an den Gates! Heute besteigt man direkt eine Passagierkabine, die dann an den Flugzeugrumpf angekoppelt wird. So können die Flugzeuge optimal genutzt werden: Nach der Landung bleiben sie nicht lange stehen, sondern „laden" neue Passagierkabinen und können wieder starten.

Intelligente Räume

Beim Flug sind die Plätze viel bequemer: Die Sitze passen sich den Situationen an und können von der Nutzung als Bett über Büro, Salon oder Videospiel wechseln. So genügen sie den Bedürfnissen aller Passagiere und gestatten ihnen, sich problemlos zu bewegen und sogar Sport zu treiben. Fliegen ist ein echtes Vergnügen!

„Grüne" Revolution

Fossile Brennstoffe wurden zugunsten von Sonnenenergie und elektrischem Strom aufgegeben. Doch der Hit sind Biokraftstoffe aus Abfällen: Um die Motore der Flugzeuge zu füttern, verwendet man nun Müll.

Mehr Komfort

Die Fensterchen sind passé, stattdessen gibt es große Glaswände, bedeckt mit Bildschirmen, die Bilder aller Art projizieren. Auch der Boden der Kabine ist transparent. Die Sitze lassen sich zum Schlafen vollständig umlegen und passen sich der Körperform und Figur des Reisenden an.

Mit scharfem Auge

Auch wenn sich noch nicht alle eine Weltraumreise leisten können: Mit Ein- oder Zweisitzern sind kurze Ausflüge an den Rand der Erdatmosphäre möglich, um das Schauspiel unserer Galaxie zu bewundern.

HOTELKAPSEL INKLUDIERT

Schluss mit der endlosen Warterei, auf Sitzen kauernd, unter eiskalten Klimaanlagen und Neonspots! Am Flughafen kann man Schlafboxen mieten, kleine Hightechkapseln zum Schlafen oder Ausruhen.

KEINE PÄSSE MEHR

Keine endlosen Schlangen vor der Sicherheitskontrolle mehr! Dank ultraschneller Speziallaser, die den Körper aus 100 Metern Entfernung scannen und Reisende schnell und wissenschaftlich identifizieren, haben wir diese Schranken in kurzer Zeit hinter uns. Schuhe ausziehen, Gürtel ablegen und Pässe vorzeigen sind nur noch Erinnerungen an früher.

AUTOMATISCHE KOFFERAUSGABE

An besonderen Sammelpunkten kann das Gepäck automatisch abgegeben und abgeholt werden, ohne dass wir auf der verzweifelten Suche nach unserem Koffer um das Transportband rennen müssen.

DIGITALER ASSISTENT

Kein Stress mehr! Wir müssen nicht mehr fürchten, uns zwischen den Gates zu verlieren oder vor der Abreise etwas zu vergessen: Wir haben alle einen virtuellen Begleiter, der als Führer und Gedächtnis dient.

INTERAKTIVE DIGITALE WÄNDE

Virtuelle interaktive Läden ersetzen die alten Duty-free-Shops. Waren werden als Hologramme ausgestellt: Ob ein Anzug zum Anprobieren, ein Videospiel zum Testen oder ein Snack zum Kosten, Kunden können alles virtuell probieren, bevor sie es kaufen.

SIMPLE FLUGHÄFEN? SICHER NICHT!

Mit hängenden Schwimmbecken, fluoreszierenden Materialien, blitzenden Spiegeln und riesigen Glasscheiben ist das Betreten eines Flughafens wie das Eintauchen in eine anregende, kreative Dimension. Neben Ausstellungen moderner Kunst und Live-Darbietungen großer Künstler gibt es Relax-Zonen mit Liegen, Gärten und Solarien. Daher ist es fast schade abzufliegen!

13

ÜBERWACHUNG IN ECHTZEIT

Der Digitale Assistent vereinfacht wirklich das Leben: Er hilft auch, in Echtzeit die persönlichen Besitztümer zu überprüfen, sodass wir immer wissen, wo diese sind. Das klappt auch bei Personen; so wissen Eltern immer, wo ihre Kinder sind, wenn sie sich verlaufen haben!

ZÜGE FAHREN MIT ÜBERSCHALLGESCHWINDIGKEIT IN EINER RÖHRE: SIE ERREICHEN ÜBER 1000 KM/H ... UND DAS GANZ OHNE LOKFÜHRER AN BORD! SIE SIND LEISE, BEQUEM UND ENERGIESPAREND. AUF MANCHEN STRECKEN REIST MAN SOGAR, OHNE ZU BEZAHLEN.

ZÜGE UND BAHNHÖFE

MIT SCHALLGESCHWINDIGKEIT

Für die gut 600 km Luftlinie zwischen Hamburg und München reichen rund 30 Minuten! Der Zug schießt mit unglaublichem Tempo durch das Innere einer großen Vakuumröhre. Gleise gibt es noch, doch sie sind aus Graphen, dem leichtesten und stabilsten Material, das Menschen je herstellten.

FLEXIBLES MODULSYSTEM

Neben riesigen Werkstätten, in denen die Züge gereinigt und repariert werden, gibt es viele Podstores, kleine Waggonlager in den Städten. Bei der Buchung wählt der Reisende den Kabinentyp, der seinen Bedürfnissen am ehesten entspricht: Einzel- oder Gruppenkabine, Typ „Wohnzimmer" oder Typ „Büro".

ULTRASICHER UND ÖKOLOGISCH

Erinnert ihr euch an die alten rostigen und stinkenden Gleise? Heute ist das ganz anders! Die Teile der Strecke entstehen in 3D-Druckern aus parfümiertem Recyclingmaterial und besondere Sicherheitssysteme lassen die Züge 1200 km/h erreichen und in wenigen Sekunden stoppen.

ALLES IN EINEM

Ein Zug, der zugleich Hotel ist? Und ob! Es handelt sich um Suitepods, persönliche Kabinen, die man vorab bestellt und wie Hotelzimmer verwendet, sobald man am Bahnhof angekommen ist.

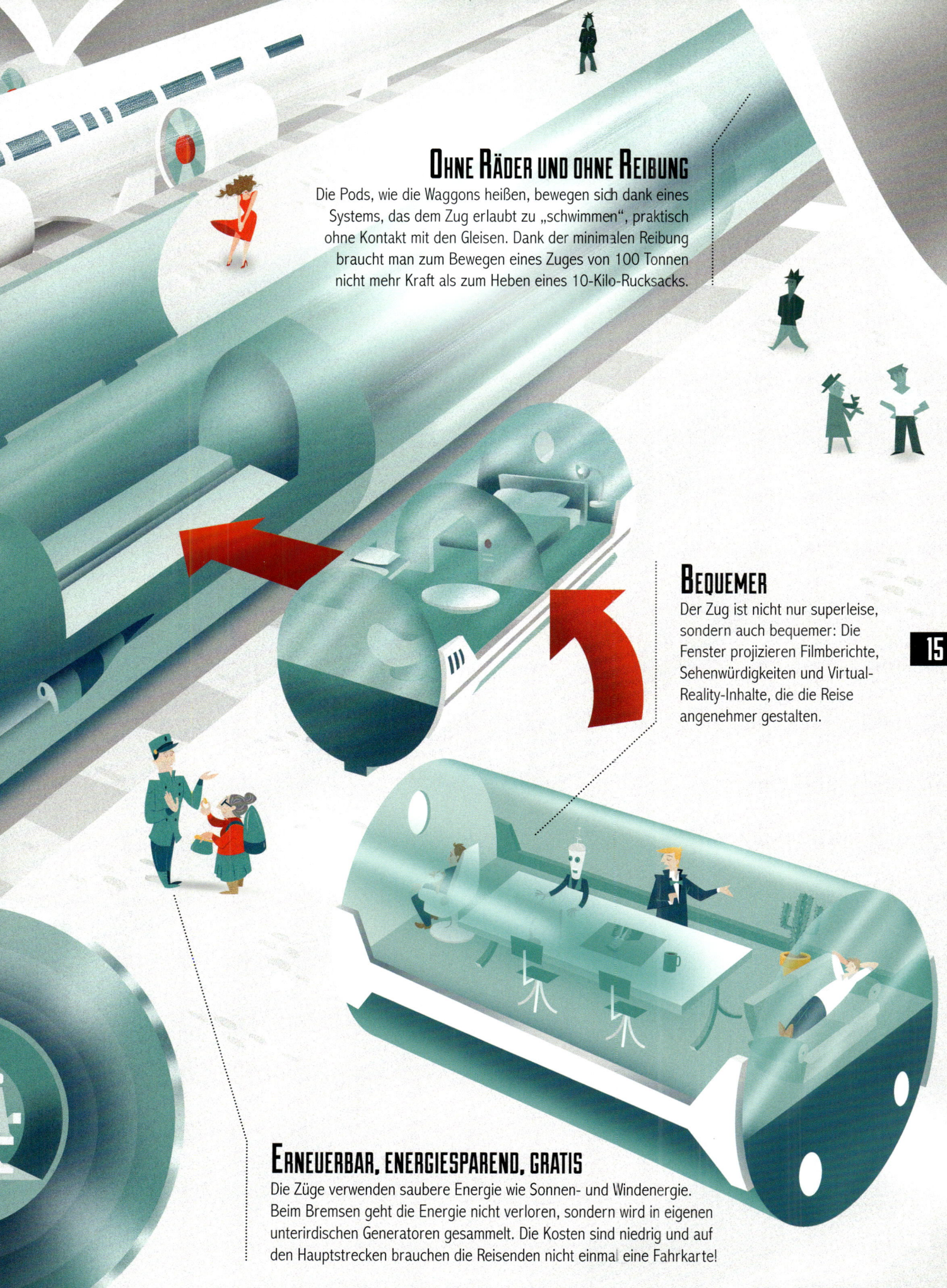

Ohne Räder und ohne Reibung

Die Pods, wie die Waggons heißen, bewegen sich dank eines Systems, das dem Zug erlaubt zu „schwimmen", praktisch ohne Kontakt mit den Gleisen. Dank der minimalen Reibung braucht man zum Bewegen eines Zuges von 100 Tonnen nicht mehr Kraft als zum Heben eines 10-Kilo-Rucksacks.

Bequemer

Der Zug ist nicht nur superleise, sondern auch bequemer: Die Fenster projizieren Filmberichte, Sehenwürdigkeiten und Virtual-Reality-Inhalte, die die Reise angenehmer gestalten.

Erneuerbar, energiesparend, gratis

Die Züge verwenden saubere Energie wie Sonnen- und Windenergie. Beim Bremsen geht die Energie nicht verloren, sondern wird in eigenen unterirdischen Generatoren gesammelt. Die Kosten sind niedrig und auf den Hauptstrecken brauchen die Reisenden nicht einmal eine Fahrkarte!

DAS FAHRRAD

Nicht nur Autos ähneln mobilen Computern immer mehr, auch Fahrräder: Die Rahmen sind wiederaufladbar, eine Bordkonsole empfängt Verkehrsinformationen, die Lichter funktionieren automatisch und der Rahmen besteht aus organischem Material. Weit davon entfernt, auszusterben, ist das Zweirad besser in Schuss als je zuvor.

2 Räder in 1

Das variable Fahrwerk erkennt die Beschaffenheit des Bodens von selbst und wechselt vom Modus „Straße" in den Modus „Offroad". Doch mehr noch: Die in das Fahrgestell und die Räder integrierten LED-Leuchten schalten sich bei Bedarf von selbst ein.

SELBSTANTRIEB

Das Fahrrad ist nun eine Weiterentwicklung des „alten" E-Bikes: Es kann Energie aus der Atmosphäre aufnehmen und in Bewegung umwandeln. Auf Deutsch: Schluss mit der Anstrengung, es lebe die Steigung!

SCHNELL UND ÖKOLOGISCH

Der Rahmen kann Energie speichern, während das elektronische Getriebe und die Spezialreifen aus Materialien, die aus Speiseabfällen gewonnen wurden, es gestatten, Geschwindigkeiten zu erreichen, die einst unvorstellbar waren.

ULTRALEICHT ... UND BIO

Nach Aluminium und Karbonium bilden die organischen Materialien die neue Grenze des Ultraleichten: aus Verarbeitungsabfällen von Getreiden bis zu Hülsenfrüchten (Bohnen, Erbsen und Linsen) gefertigt, wiegen die Räder weniger als ein Kilo!

TRANSPORTER

Befreit von den Speichen und angetrieben von Energie, die unsere Beine „nicht anstrengen", werden die Räder zu zwei großen Gepäckträgern, die je bis zu zehn Kilo fassen können: Schachteln, Flaschen und andere sperrige Gegenstände zu transportieren war noch nie so leicht!

SUPER HI-TECH

Die Bordkonsole, in den Digitalen Assistenten integriert, besitzt eine Infrarotkamera, die herannahende Gefahren erkennt. Dank eines Bewegungssensors können wir alle unsere Fahrten speichern und finden unser Fahrrad überall wieder.

PEDALE: JA ODER NEIN?

Dank neuer Materialien und Antriebsformen verschwinden die Pedale, die jedoch noch optional verfügbar sind. Und bei schlechtem Wetter? Es gibt eine besondere wasserdichte Kapsel, die vor Regen schützt.

WEITERE VERKEHRSMITTEL

18

ADIEU VERKEHR, STAUS UND SMOG! „UND WIE?", WERDET IHR EUCH FRAGEN. „MIT RAUMSCHIFFEN?" NEIN, GAR NICHT NÖTIG! DES RÄTSELS LÖSUNG SIND ZWEI NEUE, EINFACHE PARAMETER: MODULARITÄT UND INTERMODULARITÄT. EINFACH GESAGT: ZWISCHEN MEHREREN ARTEN DES REISENS ZU WECHSELN, ABER DABEI AN BORD DESSELBEN VERKEHRSMITTELS ZU BLEIBEN.

KAPSELN UND HYPERLOOP

Diese „Maxi-Zäpfchen", gleichzeitig effizient und mit Panoramablick, sind ideal für die ultraschnelle Bewegung vom Büro zum Fitnessstudio oder von der Schule zum Sportplatz. Und es gibt auch eine Variante für lange Reisen: Sie nennt sich Hyperloop und ist eine echte Wucht!

PODCAR

Dank besonderer Hängekabinen, die an die früheren Gondeln in Skigebieten erinnern, können wir uns oberhalb des Bodens bewegen. Im Gegensatz zu den früheren überfüllten öffentlichen Verkehrsmitteln, erzeugen wir so keine Staus und müssen nicht auf unsere Privatsphäre verzichten.

POP-UP

Auto oder Drohne? Kommt drauf an! Das Pop-up verbindet diese beiden Möglichkeiten. Das Cockpit kann je nach Bedarf auf unterschiedliche Vorrichtungen montiert werden: für kurze Strecken auf ein Fahrgestell (die Basis des Autos) mit Rädern, für lange Strecken auf eine Drohne, die das Gefährt in die Luft hebt.

STRASSENBAHNEN

Diese futuristischen modularen Straßen-
bahnen verlängern oder verkürzen sich
je nach der Zahl der Fahrgäste an Bord.
Jeder Fahrgast kann eine Kabine mieten
und sich für die Strecke, die er zurück-
legen muss, anhängen. Inzwischen hat
er die Hände und den Kopf frei zum
Lernen, Spielen oder für ein Nickerchen!

19

EIN- ODER ZWEIRAD!

Ob es zwei Räder oder ein Rad hat, das Konzept ist
das gleiche: schnell und mit null Kraftaufwand! Das
ideale Transportmittel für Kinder und Jugendliche, die
nicht ständig von den Eltern abhängig sein wollen.

FALTROLLER

Akrobatik ist etwas für Seiltänzer,
aber nicht jedermanns Sache.
Daher bilden faltbare Sitzroller
eine optimale Alternative für die
„Ruhigeren" und Vorsichtigen.

VOLLTANKEN ... MIT IONEN

Ob traditionelle Autos, Kapseln oder Hyperloop, die Energie ist immer die gleiche: solar, erneuerbar, sauber. Während auf der Erde drahtlose Lade-stationen vorgesehen sind, laden sich die Fahrzeuge unterwegs automatisch auf ... mit Ionen aus der Atmosphäre.

LAND-AIRBUS

Dieser hängende Riesenbus, in dem die Passagiere oberhalb der Straße reisen, ist eine neue Art, mit Platz und Fortbewegung umzugehen. In der Stadt hilft er, das Verkehrsproblem zu lösen und auf Langstrecken verringert er die Unfallhäufigkeit und bietet Reisenden Gele-genheit zum Kennenlernen und viel Spaß – ideal für Schulausflüge mit mehreren Klassen!

KRABBE

Was ist das? Ein Kinderwagen mit zu großen Rädern? Egal, es ist eine coole Sache! Dieses „Kugelkrabbenmobil" fährt schnell wie ein Auto, ist sicherer als ein Motorrad und kann von jedem gesteuert werden. Auch von der Generation 80+!

STREETSHIP

Autos können in riesigen automatischen Karawanen reisen, in denen sich alle entspannen können, auch die Fahrer. Ergebnis? Auch Papa fährt viel gelassener in die Ferien!

Wie wir
KOMMUNIZIEREN

DER FERNSEHER

Interaktiv, geteilt, nach Mass und ... live! Der Fernseher lässt uns nicht nur Personen und Geschichten sehen, sondern auch selbst die Situationen erleben und das Verhalten der Hauptdarsteller beeinflussen. Ein Fernsehen also, das in Echtzeit viele Zuschauer einbezieht, die aktiv in die Programme einsteigen können.

Auf mehreren Kanälen

Wenn jemanden nicht interessiert, was die anderen sehen, kein Problem: Mit dem Visor — einer Art Fernsehbrille — ist es möglich, im selben Zimmer gleichzeitig verschiedene Kanäle anzuschauen.

80%

Interaktiv

Mit Digitalen Assistenten veröffentlichen wir nicht nur Meinungen zu Sendungen: Wir können Darsteller auch aktiv beeinflussen, die unsere Kommentare in Echtzeit lesen und sich entsprechend verhalten.

Und die Fernbedienung?

Erinnert ihr euch an die endlosen Kämpfe um die Fernbedienung? Schnee von gestern! Der Fernseher reagiert auf unsere gesprochenen oder gedachten Kommandos und erspart uns Zeit, Mühe und Ärger. Doch Vorsicht: Die Eltern haben immer das letzte Wort!

Gewicht: null

Vergesst Riesenkartons und riesige Bildschirme zum Aufhängen: Der Fernseher ist ein Bündel aus Hologrammen, die überall reproduziert werden können, aber nur existieren und Form annehmen, wenn er „on" ist. Wir können eine ganze Wand „anschalten" oder dreidimensionale Bilder mitten ins Zimmer projizieren, die in der Luft flimmern, und in sie „eintauchen".

Sozial

Dank der Einbindung in die sozialen Netze kann der Fernseher Daten mit unserer Smartwatch oder unserem Digitalen Assistenten austauschen und mit unserem Geist, sodass wir mit Freunden über die aktuellen Sendungen reden, lachen und chatten können.

HYPERREAL

Vom Formel-1-Grand-Prix aus der Bordkamera
der Rennwagen bis zum Erlebnis des Snowboard-
Extremrennens direkt neben den Athleten, vom
Bankraub aus der Sicht des Diebes bis zum Helden,
der sich an die Verfolgung der Bösewichte macht:
Alle Inhalte sind mitreißend und von mehreren
Standorten gleichzeitig erlebbar.

Live

Über unsere holografische Projektion könnten wir als unsichtbare Gäste auf der Bühne neben unseren Lieblingsrockstars oder in den Fernsehserien neben unseren Helden auftauchen. Wir können sogar einer Giraffe in einer Natur-Doku direkt ins Gesicht schauen!

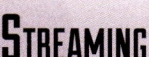

Intelligent

Der Fernseher ist nicht nur in unsere Wohnung komplett integriert, er kann auch selbstständig denken und überlegen: Er merkt sich unsere Vorlieben, kennt unseren Wochenplan, versteht unsere Stimmung, und wenn wir mit anderem beschäftigt sind, schlägt er uns Inhalte vor, die zu unserer Stimmung passen.

Streaming

Ist der Streaming-Modus aktiviert, können wir übertragen, was wir tun: von Akrobatik auf dem Skateboard über das Spielen eines Gitarrensolos bis zur Reparatur unseres Wasserstoffscooters. Der Standpunkt und die Aktivitäten eines jeden von uns werden in großen Themenkanälen gemeinsam mit denen anderer Nutzer gesammelt. Auf diese Weise können wir dann Ideen, Meinungen und Tipps austauschen.

TELEFON UND COMPUTER

SMARTPHONE, COMPUTER, TABLET ... ODER ALLES ZUGLEICH? JEDER HAT EINEN DIGITALEN ASSISTENTEN – EIN GERÄT FÜR KOMMUNIKATION, UNTERHALTUNG, NAVIGATION, BANKOMAT UND ANDERES. ER IST IMMER UND ÜBERALL DABEI – UND DAS GANZ OHNE AUFLADEN.

AUFROLLBAR UND ULTRADÜNN

Statt Computer, Tablet und Smartphone gibt es den Digitalen Assistenten – ein neues Gerät, das auf einer Mischwelt basiert, die reale und virtuelle Wirklichkeit verbindet. Mit OLED-Technik erzeugt, ist er ultradünn und biegsam. Wir haben so ein einziges formbares Objekt, das wir je nach Bedarf wie eine Uhr ums Handgelenk legen, wie eine Brieftasche in die Tasche stecken oder wie einen Fernsehbildschirm verwenden können.

STABIL UND EFFIZIENT

Der Digitale Assistent ist wasserundurchlässig, unzerbrechlich, kratzfest, explosionssicher, kurz: unkaputtbar. Seine Batterien entladen sich nicht mehr, er braucht minimale Energie zum Funktionieren (10 000-mal weniger als „alte" Handys) und wird durch die Umwelt in Form von Licht und Strahlung aufgeladen.

ADAPTIV

Jede App sagt dem Gerät, wie es aussehen soll (Größe, Dicke, Helligkeit, Menü), je nach Inhalten und Verwendung. Es gibt Geräte, deren Ecken sich umbiegen, um das Eintreffen einer Nachricht anzuzeigen, sich einfalten, um auf überfüllten Plätzen für Privatsphäre zu sorgen oder die Form ändern, um einem Videospieler den richtigen Griff vorzuschlagen.

Nur ein Gedanke

Vor unseren Augen öffnet sich ein enormes Display, auf dem wir neben realen Dingen Hologramme und virtuelle Elemente sehen. Der Digitale Assistent ist mit Visor und Hologrammprojektoren verbunden, die uns entfernte Objekte aus der Nähe zeigen. Und dank einer Technologie, die Ideen mit Handlungen verbinden kann, brauchen wir keine Tasten zu drücken: Es reicht ein Gedanke!

Mit allen Sinnen und global

Der Digitale Assistent kann Bilder und Klänge übertragen und erkennen ... er kann aber auch die Torte „riechen", die Mama in der Küche backt, und sie „probieren" und uns sagen, welche Zutaten sie enthält. Er kann uns einen neuen Freund kennenlernen lassen, der Fan unseres Lieblingsfilmstars ist, und die Simultanübersetzung ermöglicht die Kommunikation in verschiedenen Sprachen.

Immer eine Karte dabei

Dank einer doppelten Kamera und optischer Sensoren, die die Tiefe messen, erzeugen die neuen Geräte Fotos und Inhalte in toller Qualität. Der Digitale Assistent informiert uns jederzeit über unseren Standort, versorgt uns mit Wegbeschreibungen und empfiehlt uns passende Transportmittel und Freizeitangebote.

Fast totale Netzabdeckung

Außer in wenigen Zonen gibt es auf der ganzen Welt ein Signal. In den entlegensten Gegenden der Erde wird das Internet von speziellen Globalantennen auf den Boden projiziert, die mitten in der Luft am Himmel hängen und von Sonnenenergie gespeist werden. So können wir überall unsere Geräte zum Navigieren, Kommunizieren und Spielen verwenden.

Und die „alten" Computer?

Computer sind nicht vollständig verschwunden. In besonderen Umgebungen, die auf Datenbanken basieren, wie Archive, Museen und Polizeistationen, gibt es sie noch. Es sind superschnelle Geräte, die mit Lichtgeschwindigkeit arbeiten. Die „alten" Handys sind dagegen in Rente gegangen: Auch zum Telefonieren dient der Digitale Assistent.

Praktisch beim Autofahren ...

Er übernimmt nicht nur die Rolle des Navigators, damit man sich nicht in Gassen und Gässchen verirrt, im Auto ist der Digitale Assistent sehr nützlich, als Helfer für den Fahrer und als „Reisebegleiter".

Vorbereitet für alle Fälle ...

Der Digitale Assistent ist mit anderen telematischen Systemen verbunden. Wir können ihm völlig vertrauen, wenn wir einen Versandhauskatalog, die Speisekarte eines Restaurants, den Wetterbericht aufrufen oder mit der Verwaltung oder der Polizei kommunizieren wollen.

Nützlich im Notfall ...

Ob wir zwei Schritte von zu Hause oder in einer entlegenen Ecke der Erde sind, dank der Lokalisierung über Satellit und der Verbindung mit Erste-Hilfe-Zentralen garantiert das Gerät einen permanenten Schutz während all unserer Aktivitäten im Freien.

Ideal zum Studieren, Lernen, Arbeiten ...

Universitäten und Schulen, aber auch Architekten, Ingenieure und Designer arbeiten mit der Augmented Reality, um ihren Kunden im Vorhinein Veränderungen und Verbesserungen durch ihre Projekte zeigen zu können.

... UND BEIM FAHREN MIT RAD, BUS UND BAHN

Auf dem Fahrrad informiert uns das Gerät in Echtzeit über den Straßenverkehr und drohende Gefahren. Befinden wir uns an Bord von Zügen, Bus und Bahn teilt es uns Routen, Anschlüsse und andere Reiseinformationen mit.

... UND EINE HILFE IM ALLTAG

Mit freigeschalteter Bankfunktion ersetzt der Digitale Assistent nicht nur vollständig das Bargeld, sondern auch Bankomat und Kreditkarte: Zum Bezahlen von Einkäufen an einem öffentlichen Ort oder um einen Onlinedienst zu erwerben, reicht es aus, das Gerät bei sich zu tragen, das automatisch belastet wird und die Transaktion ausführt.

... UND ACHTET AUF DIE GESUNDHEIT

Da seine Strahlung fast bei null liegt, trägt der Digitale Assistent zur Gesundheit derjenigen bei, die ihn nutzen, indem er ständig Herzschlag, Blutdruck und Blutwerte beobachtet und unserem Arzt mitteilt.

... UND ALS LEBENSRETTER

Die neuen Geräte können krankes von gesundem Gewebe unterscheiden und helfen dem Arzt, eventuelle Gesundheitsprobleme genau und prompt zu erkennen und Untersuchungen, Eingriffe und Kuren zu planen.

INFORMATIONS-MEDIEN

In einer Zeit, in der der Zugang zu Informationen frei und allen garantiert ist, macht die Qualität der Nachrichten den Unterschied aus. Die alte Tagesschau hat neuen Formen des Journalismus Platz gemacht: Zwischen Geschichten zum Erleben und interaktiven Büchern ist die Welt der „Lektüre" viel amüsanter geworden – und auch „wahrer". Und das Papier? Es bleibt und ist viel ökologischer.

FREI UND ZUGÄNGLICH, ÜBERALL

Information ist ein Recht für alle: Jeder hat kostenlosen Zugang dazu, egal wo er ist. Dank der mit Sonnenenergie betriebenen Globalantennen, spezieller Stromsender in Ballonform, die mitten in der Luft am Himmel hängen, ist die Netzabdeckung der Erde mit Internet (fast) überall gewährleistet.

IN ECHTZEIT

Erinnert ihr euch an die staubige Tagesschau von einst? Gut. Vergesst sie! Heute sind alle Nachrichten in Echtzeit und wir können überall auf dem Laufenden sein. Der letzte Schrei sind *experience news* oder „Erlebnis-Nachrichten": Wir können als Streaming senden, was wir sehen oder erleben: von Abenteuerreisen bis zu Extremsport, vom Raubüberfall bis zum Konzert.

FÜHRER DURCH DIE INFORMATIONSFLUT

Wie kommen wir stets zu den Informationen, die wir gerade brauchen? Darum kümmert sich unser Digitaler Assistent; er wählt Nachrichten aus und projiziert je nach unseren Interessen, unserem Aufenthaltsort und unserer Beschäftigung die wichtigsten Inhalte auf einen Bildschirm oder den Visor.

UND DAS PAPIER?

Neue Technologien sind überall, aber … ganz ruhig, das „alte" Papier gibt es noch, da noch nichts erfunden wurde, das billiger, ökologischer und haltbarer ist! Dank eines speziellen Druckverfahrens mit Sonnenstrahlen kann jeder eine Papierkopie von Nachrichten anfertigen, die ihn interessieren, und sie in Ruhe im Park oder im Sessel lesen. Danach kann man die Infos auf dem Papier löschen und es unendlich oft wiederbeschreiben. Man kann es anschließend sogar einpflanzen, damit neues Papier entsteht, oder aufessen.

BÜCHER ZUM ERLEBEN

Was sagt ihr zu einem Roman, in den ihr körperlich einsteigen könnt, um die Geschichte an der Seite eurer Helden zu erleben? Mit Experience Books ist das Wirklichkeit! Endlich ist „in ein Buch eintauchen" nicht mehr nur eine Redensart!

NACHLESEN? NEIN, NACHERLEBEN!

Zeitschriften gehören der Vergangenheit an: der letzte Schrei heißt „Relife" — selbstgemachte holografische Magazine, die von Teenagern angefertigt werden. Diese zeigen, was die Macher sehen, mit der Möglichkeit es zu kommentieren, zu verändern, interaktiv zu gestalten, kurz, es in etwas Neues zu verwandeln. Warum also nicht euer neues Kleid „publizieren" und mit allen „teilen"?

MAGAZINE 33

DIE NAHRUNG

INZWISCHEN LEBEN AUF DER ERDE 10 MILLIARDEN MENSCHEN. DOCH GIBT ES AUCH GENUG NAHRUNG FÜR ALLE? ACKERBAU UND VIEHZUCHT HABEN SICH RADIKAL VERÄNDERT. AN IHRE STELLE SIND „UNERWARTETE" TECHNOLOGIEN UND NAHRUNGSMITTEL GETRETEN: NEBEN WÜRMERN, ALGEN UND SKORPIONEN KÖNNEN WIR LEBENSMITTEL AUF DER BASIS VON NANOMATERIALIEN AUS DEM ALL GENIESSEN.

LARVEN, INSEKTEN UND CO.

Insekten sind in den Fokus der Ernährung gerückt. Im Labor können Rieseninsekten erzeugt werden, von denen eine erwachsene Person satt wird. Die klassischen „kleinen" Fliegen, Nachtfalter und Mücken sind ideale Zutaten und Geschmacksgeber für leckere Kekse, Süßspeisen und Salate.

SYNTHETISCHE HAMBURGER

Fleisch ist nicht aus unserer Küche verschwunden, doch es gibt verschiedene neue Arten. Wir können leckere künstliche Hamburger essen, die im Labor zum Beispiel aus Pflanzen hergestellt werden: Von Bambus bis Soja, von Getreide bis Kartoffeln – das künstliche Fleisch ist sicher freundlicher zur Umwelt und zu den Tieren.

QUALLENCHIPS

Quallen sind nun die Basis von Chips — ein knuspriger Snack, der zu einem Algencocktail oder einem Insektenmixgetränk besonders lecker schmeckt.

RIESIGE WELTRAUMGÄRTEN

Dank besonderer Arten, die sich in kürzester Zeit ohne Sonne oder Wasser vermehren und keimen, können Pflanzen und Gemüse überall angebaut werden — auch in Raumstationen und auf anderen Planeten. So lösen sich Platz- und Bewässerungsprobleme auf der Erde.

PFLANZLICHE MEERESFRÜCHTE

Meeresfrüchte auf pflanzlicher Basis und mit hohem Nährstoffgehalt sind die Antwort auf die Auswirkungen der katastrophalen Überfischung auf Ökosysteme im Meer. Und wisst ihr, was total „in" ist? Plankton. Das sind schwimmende Wasserlebewesen, die in der Strömung treiben. Man kann sie pur essen oder als Beilage verwenden.

WASSERRECYCLING

Früher verbrauchte die Landwirtschaft 70 % des Trinkwassers. Die Zunahme der Weltbevölkerung hat dazu geführt, dass Bauern nun viel mehr produzieren müssen. Damit die Ressourcen für alle reichen, setzt man heute besonders auf sparsamen Anbau, Recycling von Regenwasser und effiziente Bewässerungstechniken.

DAS MEER NUTZEN

Um das Problem des Klimawandels zu nutzen, findet Ackerbau heute (auch) im Meer statt: Stellt euch einen unterirdischen vertikalen Garten vor, an treibenden Seilen, in dem Salat und anderes Gemüse angebaut wird, ebenso wie Netze und Körbe für die Aufzucht von Schnecken, Muscheln und Tintenfischen.

NIE WIEDER ABWASCH

Die Spülmaschine ist überholt: Teller, Tassen und Gläser sind mit einem selbstreinigenden Material überzogen, das kein Wasser oder Spülmittel braucht. Es reicht, sie schräg zu halten, und der Dreck gleitet herunter. Und das Besteck? Es wird nicht gewaschen, es wird gegessen!

ALLES BIOLOGISCH ABBAUBAR

Plastikflaschen, Kartons und Milchpackungen, die einst im Müll oder — schlimmer — im Meer landeten, bestehen heute aus Agar-Agar, einer essbaren Gelatine, die aus Algen gewonnen wird, oder aus Getreidelegierungen. Sie sind also zu 100 % biologisch abbaubar.

DER SUPERMARKT

Einkaufen ist praktisch, macht Spass und ist stressfrei! Die gefürchteten endlosen Samstage im Einkaufszentrum sind vergessen: Eingeschränkte Öffnungszeiten sind vorbei, es gibt keine Schlangen, kein Bargeld und keine Kreditkarten mehr. Man kommt zügig ohne Einkaufswagen voran und alle Informationen sind in Augenhöhe.

EIN ETIKETT, DAS ALLES WEISS

Waren liegen nicht mehr physisch im Regal, sondern sie werden als 3D-Hologramme projiziert, die Herkunft, Nährwerte, Allergene, das Mindesthaltbarkeitsdatum und auf Anfrage auch haarklein die Herkunft der Produkte anzeigen: wo der Apfelbaum steht, dessen Äpfel wir kaufen, von welchem Bauern unsere Milch kommt oder wie unser Lieblingseis hergestellt wird.

KEINE KASSE, KEINE SCHLANGE

Könnt ihr euch an die alten Damen erinnern, die beim Bezahlen den Inhalt ihrer Geldbörse ausleerten und darauf warteten, dass die Kassiererin für sie die Münzen zählte? Vorsintflutlich! Am Eingang wird unser Digitaler Assistent von Sensoren erfasst und wir können ohne Schlangen einkaufen, was wir wollen: Am Ausgang wird unser Konto automatisch belastet.

INTELLIGENT? NEIN, GENIAL!

Interaktive Regale sind in der Lage, unsere Vorlieben wahrzunehmen, und schlagen nicht nur die passendsten Produkte vor, sondern auch mögliche Rezepte und Kombinationen. Was noch? Dank der Synchronisierung mit dem Digitalen Assistenten macht uns der Supermarkt darauf aufmerksam, falls wir Dinge kaufen, die wir bereits zu Hause haben!

SUPERSCHNELL

Wenn der virtuelle Einkaufswagen voll ist, begibt sich
der Kunde zum Ausgang.
Hier findet er seinen fertig
gepackten Einkauf, der von
einem Transportband auto-
matisch zum Parkplatz
befördert wird.

ONLINE ODER ZU HAUSE

Wer nicht selbst gehen will, kann den Einkauf online bestellen und ihn wenig später
an bestimmten „Sammelpunkten" abholen —
ohne auch nur aus dem Auto auszusteigen —
oder ihn sich bis zum Abend direkt nach
Hause liefern lassen. So sparen die Menschen eine Menge Zeit, die sie mit ihren
Hobbys und ihrer Familie verbringen können.

DIE KÜCHE

Von der Pfanne, die verhindert, dass die Zutaten anbrennen, bis zum 3D-Drucker, der auf Knopfdruck Mittagessen und Snacks erzeugt: Haushaltsgeräte werden immer intelligenter. So sparen wir Zeit, können uns gesünder ernähren und der Aufenthalt in der Küche macht mehr Spass.

MULTIFUNKTIONSKÜHLSCHRANK

Er ist größer, vor allem aber intelligent. Er erkennt ablaufende Speisen, benennt die Lebensmittel, die nachgekauft werden müssen, oder bestellt sie direkt. Außerdem schlägt er Menüs und Rezepte auf der Basis im Kühlschrank vorhander Lebensmittel vor. Und nach Wasser und Eis kommt aus dem Kühlschrank nun auch Kaffee.

INTERAKTIVER TISCH

Er erkennt die Speisen, wiegt sie ab und projiziert sie auf seine Oberfläche, dazu Schritt-für-Schritt-Anweisungen zur Reinigung eines Gemüses oder zur Umsetzung eines ganzen Rezepts. Und man muss keine Töpfe und Pfannen mehr auf den Herd stellen, denn der Tisch kann sich auch in eine Kochfläche verwandeln.

3D-Drucker

Unglaublich, aber wahr: Das Kochen übernimmt ein 3D-Drucker, ähnlich denen, die Plastikgegenstände erzeugen. Natürlich enthalten die Kartuschen keine Tinte, sondern die zerkleinerten, gemixten Ausgangsstoffe.

Intelligente Küchengeräte

Die Töpfe erkennen die Zutaten und steuern von selbst die Temperatur, damit sie nicht anbrennen. Die Teller halten die Speisen frisch (oder warm) und Hightechmesser schlagen den perfekten Winkel zum Schneiden diverser Lebensmittel vor.

Der Garten im Haus

Gemüse, Obst und Gewürzkräuter wachsen dank eines Hydrokultursystems, das keine Erde, sondern nur Wasser braucht, das ganze Jahr im Haus. Und das geht auch auf Distanz, dank einer App, die Temperatur, Wasserstand, Feuchtigkeit und Helligkeit kontrolliert und uns sagt, wann ein Gemüse geerntet und gegessen werden kann.

DAS FAST FOOD

SCHLUSS MIT JUNKFOOD, MIT FETTEN UND UNGESUNDEN GERICHTEN: IM FAST-FOOD-RESTAURANT IST DAS ESSEN NICHT NUR NATÜRLICH, SONDERN AUCH LECKER UND ABWECHSLUNGSREICH! DIE LOKALE, ALLE MIT GRÜNZONE, BESITZEN SOGAR RÄUME FÜR KOCHKURSE, GALERIEN FÜR KUNSTAUSSTELLUNGEN UND EXTRA RÄUME FÜR KLEINE GRUPPEN.

WEDER GLOBAL NOCH LOKAL: GLOKAL

Anders als früher sind in den neuen Fast-Food-Ketten die Gerichte nicht standardisiert, sondern passen sich im Sinne der kurzen Anfahrtswege jeweils den Zutaten des Ortes an, an dem die Filiale sich befindet — ein Prinzip, das auch die lokalen Bauern unterstützt und die Artenvielfalt schützt.

BIO ZUM SELBERKOCHEN

Gesunde Ernährung ist ein vorrangiges Interesse: Fast-Food-Läden haben nicht nur Gefäße zur Hydrokultur von Kräutern und Gewürzen, sie haben auch eine eigene Zone, in die jeder Obst und Gemüse aus seinem Garten mitbringen, sich an den Herd stellen und selbst die Rezepte kochen kann, die er möchte.

KEIN PLASTIK MEHR

Fast Food ist Konsumdenken? Keine Spur: Abfälle beschränken sich auf Knochen! Teller und Gläser sind nicht nur zu 100 Prozent ökologisch, sondern auch essbar und man kann sie bei der Menüwahl mitwählen. Was würdet ihr wählen: ein Tablett aus Linsen, ein Bierglas aus Agar-Agar oder einen knackigen Burger-Thermobeutel aus Müsliflocken?

NOCH SCHNELLER

Auch das Personal ist überflüssig geworden: Dank holografischer, interaktiver Speisekarten, die mit Fernbedienung funktionieren, und dank intelligenter Roboterarme können sich die Kunden buchstäblich „selbst bedienen", ohne zu warten, bis sie an der Reihe sind, wie in einer Art „schnellem Selbstbedienungsrestaurant".

WIE VIELE KALORIEN WILLST DU ESSEN?

Das Problem der Fettleibigkeit gehört der Vergangenheit an: Neben den Zutaten nennt die Speisekarte nicht die Preise, sondern die Kalorienzahl der Gerichte. Und die Pommes? Keine Angst, es gibt sie noch. Sie sind wie früher, mit dem Unterschied, dass sie nicht vor Fett triefen und so reich an Vitaminen und Mineralsalzen sind, dass Ärzte und Diätberater sie sogar empfehlen.

KcAL 125

KcAL 125

SCHULE ... BEIM KÜCHENCHEF

Außer zu essen können die Kleinsten auch lernen: In interaktiven Spielzimmern können sie „auf die andere Seite des Tisches wechseln" und Zutaten, Rezepte sowie Kombinationen entdecken und zu Hause vorschlagen, um die Eltern zu verblüffen.

DAS HAUS

DIE ZAHL DER ERDBEWOHNER STEIGT. DAHER WERDEN ENDLOS HOHE WOLKENKRATZER GEBAUT, DIE DEN PLANETEN „WENIGER BELASTEN". DIE HÄUSER SIND OHNE SCHLÖSSER UND DIE HAUSHALTSGERÄTE SUPERINTELLIGENT. AUCH WENN VIELE WEITERHIN IN STÄDTEN LEBEN, WÄHLEN ANDERE HÄUSER AUF BÄUMEN, IN DER TIEFE DES MEERES ODER ... IM WELTRAUM!

100 % NACHHALTIG

Durch die richtige Mischung aus Naturmaterialien und neuesten Technologien sind die Häuser komplett umweltfreundlich. „Schmutzige" Materialien wie Ziegel und Zement haben regionalem Bauholz, ökologischen Wänden aus Hanf und Recyclingglas aus Fernsehern und unbenutzten Monitoren Platz gemacht. Türschlösser gibt es nicht mehr: Die Eingangstür hat ein digitales Vorhängeschloss, das erkennt, wer sich der Wohnung nähert, und die Türen im richtigen Moment öffnet.

ENERGETISCH UNABHÄNGIG

Die Häuser sammeln nicht nur das Regenwasser zu 100 Prozent, filtern es und machen es trinkbar, sondern sind auch total eigenständig: Solarzellen bedecken das Dach wie normale Ziegel, Fenster können die Sonnenwärme einfangen und eine unsichtbare Schicht überzieht die Außenwände, fängt die Wärme im Winter ein und hält sie im Sommer draußen.

NEUE DIMENSIONEN

Früher war ein Gebäude mit 300 Stockwerken beeindruckend, doch heute misst man die Höhe in ... Kilometern! In den Städten gibt es sehr hohe Gebäude: Sie reichen bis an die Grenzen der Atmosphäre und in ihnen leben Tausende Einwohner. Und auf den Terrassen gibt es statt Gefäßen mit Blumen und Gartenduft Spaceports, wo man sich einschiffen kann, um zur Erde herabzufliegen oder ins Weltall abzuheben.

Autonome Elektrogeräte

Ob selbstklimatisierende Betten, die die Position wechseln, damit wir aufhören zu schnarchen oder intelligente Waschmaschinen, die gelernt haben, alle Arten Wäsche gemeinsam zu waschen — Elektrogeräte arbeiten selbstständig und bestellen sogar Ersatzteile und den nächsten Wartungsservice. Endlich ist Technik wirklich „ganz zu Diensten"!

Ein intelligentes Badezimmer

Zähneputzen in drei Sekunden? Mit der UV-Zahnbürste kein Problem! Doch das ist nicht alles: Der Spiegel checkt in Echtzeit den Zustand des Körpers, die Dusche hört auf gesprochene Kommandos und das WC mit integriertem chemischen Scanner ersetzt Blutuntersuchungen.

MITTEN IM GRÜNEN

Könnt ihr euch ein Haus vorstellen, das sich wie ein Spross in einen lebenden Baum „einnistet" und sich perfekt in seine natürliche Umgebung einfügt? Mit Sonne und Chlorophyll als Nahrungsquellen ist das „grüne Haus" nicht mehr nur ein Traum weniger Ökologen, sondern Wirklichkeit für alle.

SCHWIMMEND

Ob Greenstars (riesige Inseln in Seesternform mit Häusern oder Hotels) oder Villen auf dem Wasser, halb eingetaucht, mit Pfahlbauten, die abhängig von der Wassertiefe verschwinden oder erscheinen, eines ist sicher: Die Meere sind nicht mehr nur „große blaue Wüsten", sondern neue Wohngebiete.

AUSSERIRDISCH

Schluss mit den üblichen Hotels, Schluss mit den üblichen Ferien! Der Weltraumtourismus ist eine neue Chance für Ferien außerhalb der Norm. Mal ehrlich: Wer würde nicht den überfüllten Stränden im Hochsommer eine Woche auf dem Mond oder dem Mars vorziehen, weit weg von allem und allen?

UNTER WASSER

Viele haben ihren Platz in den Tiefen gefunden und haben beschlossen, unter Wasser zu leben — mithilfe von Technologien, die Energie aus Wellen und Sauerstoff aus dem Wasser gewinnen. Waterscraper heißen die riesigen Hochhäuser, die sich unter Wasser entwickeln.

Die Schule, sicher und umweltfreundlich, besteht aus grossen Räumen mit mobilen Wänden und Möbeln, Ruheliegen und interaktiven Klassenzimmern. Der Tisch ist ein Touchscreen, in der Sporthalle kann man jede beliebige Sportart ausüben und im Labor könnte es euch auch passieren, dass ihr eine Reise in den menschlichen Körper oder einen Spaziergang unter Dinosauriern erlebt! Schultaschen und Bücher gibt es längst nicht mehr, alles ist digital.

Die Schule

Ohne Rucksack

Erinnert ihr euch an diese schrecklichen, unglaublich schweren Rucksäcke, mit denen man fast nicht mehr laufen konnte? Sie gehören längst der Vergangenheit an: Bücher und Hefte sind nun digital und „warten" in der Klasse auf uns.

Identifikation am Eingang

Früher überprüften Lehrer beim Appell, ob alle da waren, und wenn die Schüler mit „Hier!" antworteten, machten sie ein Kreuzchen ins Klassenbuch. Heute ist das anders: Am Eingang gibt es einen Gesichtsscanner, der die Schüler erkennt und automatisch das elektronische Klassenbuch führt: Schulschwänzer haben es hier schwer, nicht aufzufallen.

100 % NACHHALTIG

Die Materialien, aus denen Schulen gebaut werden, sind umwelt-
verträglich (Holz und Textilfasern) oder ewig wiederverwendbar
(Glas und Metall). Dank intelligenter Technologien (Windräder,
Sonnenkollektoren, vollständige Wasseraufbereitung, optimierte
Heizung) sind sie energieautonom.

SCHULWEG IN FREIHEIT

Schulbusse heißen jetzt School-
loops und Trolleybus — sie fahren mit
Sonnenenergie oder Wasserstoff. Und wer
gern mit einem eigenen Fahrzeug kommt, findet
im Hof einen Ständer mit Ladestationen für Einräder
und Mopeds oder ein automatisches unterirdisches
Depot, in dem sich die Fahrräder von selbst einparken.

INTERAKTIVE TISCHE

Der Tisch ist ein Touchscreen: Digitale Objekte kann man mit den Fingern bewegen oder mit elektronischen Stiften darauf schreiben. Sie sind mit der interaktiven holografischen Tafel verbunden, die die Lehrerin benutzt. Die Hausaufgaben werden online gespeichert, können im Klassenzimmer downgeloadet und immer angeschaut werden, egal, wo man ist.

IMMER ANWESEND

Dank Technologien, die eine Teilnahme am Unterricht von weit her möglich machen, kann man auch dann an Stunden teilnehmen, wenn man krank ist. Einerseits haben so Drückeberger und Simulanten keine Ausrede mehr, die ihr Fehlen entschuldigt, andererseits versäumt man so nie etwas vom Schulstoff!

Live-Labore

Was sagt ihr zu einer lebensechten Begegnung mit einem Brontosaurus und einem T-Rex? Oder zu einem Sprung in den menschlichen Körper, um die Arterien und ihre Organe zu erforschen? Dank neuester Technologien ist all das möglich und Naturwissenschaften machen viel Spaß!

Holografische Turnhallen

Die Turnhallen von früher waren oft dunkel und verströmten ein eigenartiges Aroma. Doch das ist jetzt anders! Vom holografischen (und immer sauberen) Leichtathletikstadion mit integrierten Fußball-, Basketball- und Volleyballfeldern über künstliche Kletterwände bis zu einem virtuellen Schwimmbecken — Sport macht endlich allen Spaß!

KLIMA, WASSER UND MÜLL

DIE ZEIT DER MÜLLDEPONIEN IST LÄNGST VORBEI: DANK EINER KREISLAUFWIRTSCHAFT, IN WELCHER SICH DIE PRODUKTE IMMER WIEDER RECYCLEN UND DABEI FORM, KONSISTENZ UND VERWENDUNGSZWECK ÄNDERN, IST DIE ANFALLENDE MENGE VON MÜLL GLEICH NULL! DIES IST DER VERDIENST UMWELTVERTRÄGLICHER MATERIALIEN UND EFFIZIENTER MÜLLVERARBEITUNGSSYSTEME, DIE DAFÜR SORGEN, DASS DER MENSCH AUF DER ERDE FAST KEINE SPUREN MEHR HINTERLÄSST.

UNTERIRDISCHE SAMMLUNG

Mit den neuen wirksamen und leisen pneumatischen Sammelsystemen wandern Abfälle unter die Erde! Mülleimer haben unten ein Loch, das wie eine „ökologische Klappe" funktioniert: Sie nimmt den Müll auf und „schießt" ihn mit 70 km/h durch ein Netz unterirdischer Röhren bis zu speziellen Mülltrennungszentren.

OPTIMIERTE TRENNUNG

Von den Depots werden die Abfäl e mit Drohnen in große automatische Stationen gebracht. Hier werden alle nichtorganischen Materialien (wie Glas, Metall, Papier und Karton) mit besonderen Magneten sauber getrennt und vorbereitet, um zu 100 % recycelt zu werden.

Mensch und Klima: ein Zusammenspiel

Das Klima? Wir haben es im Griff! „Cloudships" sind Schiffe, die Wolken erzeugen und mit Windenergie betrieben werden. Sie versprühen einen feinen Nebel, der über dem Meer Wolken erzeugt, welche die Sonnenstrahlen reflektieren und so die Überhitzurg der Erde verhindern.

Umwandlung des Wassers

Erinnert ihr euch an die alten Bohrinseln? Heute beunruhigen sie uns nicht mehr, sondern sind echte „blaue Oasen". Wisst ihr, warum? Sie sind Teile eines weltweiten Netzes von schwimmenden Ökostationen, auf denen Meerwasser in Süßwasser umgewandelt und an Land geschickt wird, damit es der Mensch trinken kann. Wissenschaftler nennen diesen empfindlichen Prozess „Ionisierung der marinen Biosphäre durch Sonnenenergie", doch im Kern geht es um eines: Das Problem der Trockenheit und der Trinkwasserknappheit ist gelöst!

Müllrecycling unter Wasser

„Grüne" Abfälle werden verkleinert und so behandelt, dass sie als Dünger für Ackerbau auf der Erde und im Wasser dienen können. Ihr habt richtig gehört: Das Meer ist ein enormes Recycling-Zentrum. Diese speziellen „Müllverbrennungsanlagen im Wasser" werden verwendet, um organischen Kompost zu verteilen, der so Flora und Fauna des Landes und der Meere ernähren kann.

Wie wir AUSSEHEN

KLEIDUNG

Was sagt ihr zu einem lichtempfindlichen Gewand oder einem T-Shirt-Spray? Oder ist euch ein ganzes Outfit aus recyceltem Plastik lieber? Die Kleidung wäscht sich selbst, knittert nicht, erhält die Körpertemperatur, ist elegant, aber praktisch, bunt und zu 100 % personalisierbar. Und die Technologie? Die zieht man direkt an!

IMMER FRISCH

Schwitzen? Ist kein Thema mehr. Mit traditionellen Stoffen war es unvermeidbar. Dank der neuen Kleidungsstücke auf der Basis von organischem Nanopolyethylen (ein besonderes Plastik mit einer dünnen Baumwollschicht auf der Innenseite) ist das heute etwas ganz anderes.

RECYCLINGTEXTILIEN

Die topmoderne Kleidung? Besteht aus Recyclingplastik! Die Fäden für die technischen Teile bestehen aus Plastik, das vollständig aus dem Meer gewonnen wird: von PET-Flaschen über Fischernetze bis zu Styropor und anderen Erdölderivaten.

GESUND UND IN FORM BLEIBEN

Dank spezieller Mikrochips, die auf Kleidern und Haut wie einfache Aufkleber angebracht werden, haben wir unseren Gesundheitszustand stets unter Kontrolle: Wir können damit unseren Puls messen, feststellen, ob wir genug Wasser getrunken und wie viele Kalorien wir zu uns genommen haben.

KLEIDUNG NACH MASS

Hey, Kids, könnt ihr euch vorstellen, bei einem Scanner einkaufen zu gehen?! Heute geht das so: Wir betreten einen Laden und gehen in eine spezielle Kabine, in der ein optischer Analysator das genaue Maß unseres Körpers nimmt. Dann wählen wir Modell und Farbe des Kleidungsstücks aus und wenige Stunden später wird es uns nach Hause geliefert. Natürlich geht das auch über eine App. Nicht schlecht, oder?

Heizung, die der Umwelt guttut

Ihr seid verfroren und mögt den Winter nicht? Ganz ruhig: Es gibt fotosensible Kleidung, die auf Sonnenlicht reagiert und dessen Wärme speichert, um sie abzugeben, wenn es kalt wird. Das Ergebnis ist weniger Verschwendung beim Heizen von Gebäuden und eine drastische Reduktion des Smogs.

Last-minute-Kleidung

Und da ist das Kleidungsspray aus einer speziellen Sprühdose. Ergebnis? In fünf Minuten ist ein Kleidungsstück fertig, das haargenau passt und ausgezogen, gewaschen und wieder getragen werden kann. Und wenn wir es nicht mehr mögen? Kein Problem, wir können die Mischung auflösen und wiederverwenden, um ein anderes Kleidungsstück daraus zu sprühen.

61

Lang oder kurz?

Die Kleidung wäscht sich nicht nur selbst, sie trocknet auch superschnell und muss nicht gebügelt werden. Sie nimmt ganz wenig Platz weg, lässt sich in Minitäschchen zusammenfalten und verknittert nicht im Koffer. Dank der neuen modellierbaren Materialien kann ein Kleidungsstück sogar Form und Länge verändern, sodass es für den Vormittag in der Schule ebenso passt wie für den Nachmittag mit Freunden.

Hightech zum Anziehen

Die Wearable-Technologie erzeugt intelligente Kleidungsstücke: von der Jacke „contactless", mit deren Handgelenk man im Supermarkt an der Kasse zahlen kann, über die selbstentriegelnden Jeans mit eingebautem elektronischem Schlüssel, der die Schranken zur U-Bahn automatisch öffnet, bis hin zum Pullover, der gegen Kälte wirkt, wenn er merkt, dass sein Träger friert.

HÜTE: MODELLIERBAR ...

Warum soll man einen Hut auswählen, wenn man zehn Hüte zugleich aufsetzen kann?
Dank spezieller Gewebe können die Kopfbedeckungen in Echtzeit modelliert werden und
so aussehen, wie wir es gern hätten (mit Schirm, mit Krempe, Baskenmütze ...). Und sie
haben ein Formgedächtnis bzw. merken sich, einmal aufgesetzt, unsere Vorlieben.

KLEIDUNG: SELBSTREGULIEREND ...

Würdet ihr gern ein T-Shirt und ein Sweatshirt
tragen, ohne euch umzuziehen? Mit den neuen
Materialien, die Form und Länge der Temperatur
anpassen können, ist das möglich: An heißen
Tagen wird ein langärmeliger Pulli zum T-Shirt,
nimmt aber seine alte Form an, sobald es
anfängt kalt zu werden.

DIE SCHUHE: ANPASSUNGSFÄHIG ...

Die neuen Schuhe enthalten einen Mikrochip, der die
Oberfläche erkennt, auf der wir gehen (Erde, Kies,
Steine, Zement), und die Härte und Elastizität der
Schuhsohlen anpasst und damit Bodenhaftung und
Vorwärtskommen optimiert. Und mit der „Smart &
connected"-Technologie können die Schuhe, die
Drucksensoren besitzen, nicht nur unsere körper-
liche Aktivität verfolgen, sondern auch unsere Be-
wegungen dokumentieren, die verbrauchten Kalorien
registrieren und unsere Art zu gehen analysieren.

... UND MIT AUTOMATISCHEN SCHNÜRSENKELN

Winterstiefel sind in der Stadt nicht sehr bequem. Daher können
Schuhe im Inneren Batterien besitzen, die Wärme ausstrahlen
und keine kalten Füße zulassen. Über eine App kann man den
Thermostat steuern und die ideale Temperatur einstellen. Um
sie zuzuschnüren, reicht es, mit der Ferse Druck auszuüben
und die Schnürsenkel schließen sich von selbst. Mit den beiden
Knöpfen auf den Seiten kann man die Festigkeit der Schnürsenkel lockern oder steigern, wie man möchte.

... ERNEUERBAR UND ZUGLEICH ENERGIESAMMLER

Alle Geräte, die wir anziehen, werden von ultraschnell aufladbaren Batterien gespeist, die von früh bis spät funktionieren sollen. Wenn das möglich ist, warum nicht davon profitieren? Hüte, die auf dem Körperteil getragen werden, das den Sonnenstrahlen am meisten ausgesetzt ist, sind mit lichtempfindlichem Material überzogen und erzeugen die nötige Energie zum Aufladen unserer Hightechkleidung.

... UND SCHMUTZABWEISEND

Flecken, Schimmel und schlechter Geruch waren die Gründe, warum Schwämme weggeworfen wurden: Ein innovatives Anti-Schmutz-Gewebe aus einer Faser, die hunderttausendmal feiner ist als Sand, lässt Produkte wie Ketchup, Mayonnaise, Schokolade und Saft gar nicht erst einziehen ... Heißt: Standpauke erspart, Leben entspannt!

PANTOFFELN: ORGANISCH ...

Hausschuhe und Pantoffeln aus ... Steinpilzen und Champignons?! Klingt eigenartig, ist aber wahr: Die Pilze werden bei 70 Grad „gekocht", um ihr natürliches Wachstum zu stoppen und sie formbar zu machen. Die Vorteile: eine sehr geringe Umweltbelastung ... und dank der speziellen Filterfähigkeit riechen die Pantoffeln nicht mehr!

... UND UNSICHTBAR

Adieu Flip-Flops: Jetzt gibt es „Solefit", die elastischen, rutschfesten Klebesohlen! Es handelt sich um spezielle „Panzer", die sich an die Haut anlegen, sie vor Infektionen und Warzen schützen und mit denen man auf jedem Untergrund gehen kann. So könnt ihr zum Beispiel im Sommer am Strand auf heißem Sand laufen, ohne euch zu verbrennen!

Die Uhr

Die Uhr zeigt nicht nur die Zeit an. Sie „spricht" mit Haushaltsgeräten und Transportmitteln und zeigt uns Informationen aller Art in Echtzeit. Sie wechselt die Form, ist eins mit dem Digitalen Assistenten und kann überall getragen werden: ums Handgelenk, um den Hals, auf dem Handrücken, am Knöchel und sogar ... „nirgends"!

Alles in einem

Die Uhr zeigt Termine und Informationen in Echtzeit, lädt, zeigt Filme und verfügt über eine Smart-Key-Funktion, die Autos, Fahrräder und Mopeds zu uns holt, die weit entfernt geparkt sind. Sie kommuniziert sogar mit den Küchengeräten zu Hause. Was haltet ihr davon, aus der Schule heimzukommen und der Ofen ist schon vorgeheizt, um die Pizza aufzuwärmen?

So viele Modelle und Formen

Jungen mögen es „smart", mit biegsamem Schirm, den man um die Fahrradlenkstange legen kann. Mädchen wollen „fashion" zum Umlegen ums Handgelenk, den Knöchel oder die Taille. Manager ziehen klassische Modelle vor, die auch als Notizblock dienen können. Omas tragen das Modell „life-safe" um den Hals, damit die Hände frei bleiben; im Notfall ruft es von selbst den Krankenwagen.

DIE UHR ... DIE ES NICHT GIBT

Eine Uhr, die nur bei Bedarf erscheint? Genau das ist die holografische Uhr: Dank OLED-Technologie unsichtbar, „materialisiert" sie sich nur dann direkt auf der Haut, wenn wir auf das Handgelenk schauen, um sie abzulesen. Cool, oder?

KEINE BATTERIE

Erinnert ihr euch an diese Minibatterien, die einem ständig aus der Hand rutschten und häufig leer waren? Brauchen wir nicht mehr! Integrierte Mikrosolarzellen und die Bio-Selbstaufladung, die Energie aus unserer Körperwärme gewinnt, haben die alten Batterien in Rente geschickt.

FÜR UNTERWEGS

Es gibt auch die perfekte Uhr für Sportliche! Sie sagt uns immer, wo wir sind, berichtet in Echtzeit über Wetterentwicklungen, informiert uns über unsere aktuelle Anstrengung und die verbrauchten Kalorien und ruft Hilfe, wenn wir in Gefahr sind. Also ein echter „Superbegleiter für Abenteuer", den man stets dabeihaben möchte.

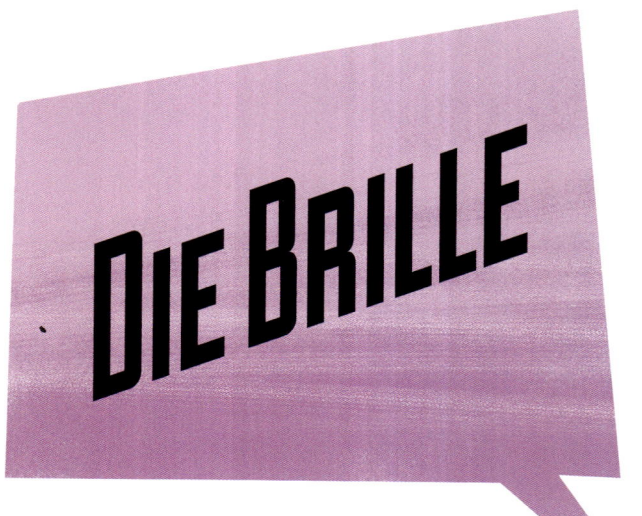

DIE BRILLE

„BRILLE" IST VIEL ZU WENIG: TECHNIKFANS SAGEN „VISOR",
RETRO-FANS „GLÄSER", WÄHREND BEI DEN JÜNGSTEN
„SPECS" FURORE MACHT. SIE SIND NICHT NUR MODELLIERBAR,
SONDERN WECHSELN AUCH STIL UND FARBE UND PROJIZIEREN
MULTIMEDIA-INHALTE. MAN KANN ZWISCHEN INTERAKTIVEN
KONTAKTLINSEN ODER VERSCHWINDENDEN BRILLEN WÄHLEN,
DIE NUR ERSCHEINEN, WENN SIE GEBRAUCHT WERDEN.

VIELE FORMEN, VIELE STILE

Ob Tropfen- oder Schmetterlingsform, rund oder eckig,
Brillen sind vollkommen modellierbar und passen sich
jeder Situation an. In der Schule wie auf dem Fahrrad,
im Büro wie in der Natur ist es möglich, von einer Form
zur anderen zu wechseln, ohne die Gläser wechseln zu
müssen – mit erheblicher Ersparnis an Zeit, Energie
und Geld.

WECHSELNDE FÄRBUNG

Ehrlich: Hättet ihr nicht auch gern viele Brillen in einer?
Auch das ist Wirklichkeit! Die Brillen bestehen aus einem
sensiblen Material, das je nach Temperatur, Umgebung
und Stimmung die Farbe wechselt! Je nachdem, ob es
draußen heiß oder kalt ist, wir in der Schule oder in
einem Konzert sitzen, traurig oder fröhlich sind, „inter-
pretieren" sie die äußeren Bedingungen und schlagen
uns eine Auswahl an Stilen vor.

SPEZIALFUNKTIONEN

Brillen lassen uns nicht nur besser sehen und
schützen uns vor der Sonne, sie sind auch vollwertige „Bildschirme": Wenn wir wollen, folgen uns
Videospiele, Musik und Filme überall hin. Hi-Fi-Kopf-
hörer in den Bügeln bringen den Klang direkt ins
Ohr. Ihr werdet euch fragen: „Ist das nicht gefährlich?"
Ja, sicher ist es das. Daher ist die Funktion „Play"
nicht aktivierbar, wenn man fährt oder sich bewegt.

Bei Bedarf virtuell

Auch Brillen sind holografisch geworden: Von der Uhr projiziert, „materialisieren" sie sich nur bei Bedarf — eine besonders nützliche Technologie für Notsituationen, in denen wir unsere Lieblingsgläser nicht bei uns haben!

Für echte Sportler

Die Brille ist für Sportler ein wesentliches Element: Sie reinigt und trocknet sich selbst ab, die Farbe des Glases wechselt je nach Licht, Kratzer oder Brüche reparieren sich selbst. Und für echte Profis gibt es das Modell „flex", das sich verbiegen kann, ohne zu brechen, und perfekt auf der Haut klebt.

Und die Kontaktlinsen?

Wenn Kontaktlinsen früher einfach eine „kleine Alternative" waren, eröffnen sie heute eine Welt an Möglichkeiten: Dank spezieller Technologien ist es möglich, Inhalte direkt auf die Netzhaut zu projizieren (Straßenhinweise, informative Videos, Übersetzungen in Echtzeit), aber transparent, sodass der Benutzer die reale Welt dahinter noch wahrnimmt. Mit einem elementaren Unterschied: Die Hände sind völlig frei!

Was wir
ARBEITEN

DIE BERUFE

BERUF: REWILDER

Re- wie „wieder", -wild wie „ursprünglich"! Diese „grünen James Bonds" haben eine Mission: die Gebiete, die der Mensch verändert und gestört hat – indem er ihre Ressourcen wahllos und unökologisch ausgebeutet hat – wieder in ihren natürlichen Status zu überführen. Es sind echte ökologische Geheimagenten, die Mutter Natur den Raum zurückgeben, in dem lange Industrie, Smog und Zement regiert haben.

70

GRÜNE STÄDTE

Es gibt verschiedene Arten Rewilder: die Stadtrewilder beschäftigen sich damit, graue, traurige Städte wieder zu begrünen. Straßen und Kreuzungen, Brücken und Überführungen, Stadtränder und Mülldeponien – dank ihnen werden die Städte wieder sauber und nachhaltig. Denn im Frühling in die Schule zu gehen und den Gesang der Vögel zu hören, ist ein Recht von uns allen!

NEUES LEBEN FÜR VERLASSENE PLÄTZE

Am gefragtesten sind die Archiwilder, die „ökologisch unter-drückte" Gebiete wiederbeleben: alte Stahlwerke werden zu Solarenergiezentralen, verlassene Bohrinseln zum Sitz von meeresbiologischen Laboren, ehemalige Minen zu unterirdischen Wohnkomplexen … lauter Plätze, die der Mensch jahrzehntelang ausgebeutet hat und die heute, dank der magischen Berührung durch Rewilder, neues Leben erhalten!

RETTEN WIR DIE TIERE

Landschaftsrewilder haben die Aufgabe, an Plätzen, die seit Jahrzehnten von Wüsten und Müllhalden bedeckt waren, Naturschutzgebiete und Reservate wiederherzustellen. Sie säen fast ausgestorbene Pflanzen und Blumen und siedeln Tiere wieder dort an, wo sie seit Langem verschwunden sind. Wo wir früher Rote Listen von aussterbenden Arten geführt haben, gibt es jetzt Listen mit neu wachsenden Arten!

DROHNENPILOT

Sicher denkt jetzt jemand: „Verflixt, haben diese Drohnen wirklich noch nicht gelernt, sich selbst fernzusteuern?" Die Antwort: Ja, klar! Und dennoch gibt es Dinge, die nur der Mensch schafft. Vor allem die Verantwortung für Sondertransporte und Personenflüge zu übernehmen: zum Steuern von Transitflügen und Drohnibussen braucht man Können, Erfahrung und einen besonderen Führerschein!

STADTGÄRTNER ...

Die mit der Mode Gehenden nennen sich „urban farmer", die Ehrgeizigeren „Grünpionier", doch davon abgesehen machen diese Landwirte alle dasselbe: Obst und Gemüse an den unglaublichsten Stellen anbauen. Wie das? Unter Ausnutzung der Hydrokultur und ... durch Verkleinerung der Dimensionen! Das Ergebnis sind Mikrogärten – Pflänzchen, die in kleinen Töpfen wachsen und gegessen werden, wenn sie die Größe von ca. 20 cm erreicht haben.

MÜLLDESIGNER

Wäre es nicht schön, Müll in Designerstücke zu verwandeln?
Von Armbändern aus gebrauchten Zahnbürsten bis zu
alten Benzinkanistern, die zu Hockern, Taschen oder
Blumenvasen werden, der Mülldesigner hat einen schönen,
kreativen Beruf, mit dem er aus Abfall gefragte Waren
macht. Berühmt zu werden, indem man der Umwelt Gutes
tut: Wäre das nicht etwas für euch?

VERTIKALBAUER

Ob das Dach eines Wolkenkratzers in einen Nutzgarten verwandelt wurde, die
Balkone eines Gebäudes in hängende Blumenbeete oder eine ganze Fassade
zum Garten wurde, der „Vertikalbauer" hat eine doppelte Aufgabe: einerseits
Oberflächen kultivierbar zu machen, die das von Natur aus nicht zu sein
scheinen, andererseits kalte und ungemütliche Gebäude zu verschönern. Mit
überraschenden Ergebnissen!

VIRTUAL-REALITY-ARCHITEKT

Virtual-Reality-Architekten erfinden immer futuristischere Räume und innovative Plätze wie organische Bio-Wolkenkratzer, die wachsen können und sich von den Abfällen ihrer Bewohner ernähren. Auch schwerelose Städte, die schwebend den Platz wechseln können, weil sie von anderen physikalischen Gesetzen beherrscht werden als Städte am Boden, gehören zu ihren Kreationen.

74

3D-DRUCKER

Mit einem 3D-Drucker lässt sich einiges erzeugen: Papier, Plastik, Metall, organisches Gewebe und vieles mehr. Ob Kinderspielzeug oder orthopädische Prothesen, Werkzeug für Selbermacher oder Essen ohne Ablaufdatum, Kleidung und Schuhe oder ökologische Autos — die Möglichkeiten sind fast unbegrenzt: Es reichen ein wenig technische Kompetenz und viel, viel Kreativität!

WELTALL-FREMDENFÜHRER

„Ich bin euer Reisebegleiter und heute geht es auf der Milchstraße." Früher reiste man, um das Kolosseum in Rom, den Eiffelturm in Paris oder Big Ben in London zu sehen. Heute hingegen erstrecken sich die Reisen bis ins ganze Sonnensystem! Vom Trekking auf dem Mond bis zu Klassenfahrten auf den Mars – das Aufkommen des Weltalltourismus erfordert nicht nur spezialisierte Piloten, sondern auch „intergalaktische Reiseführer", die die Reisenden in Echtzeit über die Rätsel des Kosmos informieren können.

4D-DRUCKER

Aber jemand ist schon weiter: der 4D-Drucker, der den drei Dimensionen des Raumes jene der Zeit hinzufügt. Das bedeutet, dass die Materialien sich im Laufe der Stunden verändern: Dank spezieller Tinten, die als Formgedächtnis „wirken", verändern die Gegenstände ihre Struktur, wenn sie Hitze oder Druck ausgesetzt werden, können aber im richtigen Moment zu ihrer ursprünglichen Form zurückkehren. Könnt ihr euch vorstellen, wie viel Platz das bei Transporten auf der Erde oder auf Weltall-Missionen spart?

Reisen ins All

Als der Mensch im fernen Jahr 1969 erstmals einen Fuss auf den Mond gesetzt hat, schien undenkbar, was heute Wirklichkeit ist: Das Sonnensystem ist nur der „Hausgarten" von uns Erdenbewohnern! Vom Abendspaziergang auf dem Mond über Expeditionen zum Mars bis zu interstellaren Kreuzfahrten, eine neue Art des Reisens ist entstanden: das Pendeln durch das All.

Neue Grenzen

Die Spaceports sind echte „Sternengates", von denen aus große Luft- und Raumfahrtschiffe starten. Sie können viele kleine Raumkapseln transportieren, die so rasch zu jedem Punkt der Erde gelangen oder die Atmosphäre verlassen und im Weltraum freigesetzt werden können.

Ausflüge auf den Mond

Der Weg für interplanetare Reisen, der einst den Raumfahrtbehörden vorbehalten war, ist nun geebnet. Dank neuer Heliumballons, langsamer als Raketen, aber mit schönerer Aussicht und entspannender, ist die Reise für alle erschwinglich. Ausflüge auf den Mond sind bei Jung und Alt ein Hit. Ob für einen besonderen Abend mit Freunden oder eine romantische Hochzeitsreise am Wochenende: Der Satellit der Erde ist ein Klassiker, der nie untergeht!

Zum Roten Planeten

Endlich besiedeln wir den Mars. Auch wenn er nicht gerade „nebenan" liegt – von der Erde trennen ihn über 50 Millionen Kilometer –, bietet er viele Vorteile: Wasser im Untergrund, kein Gedränge, null Luftverschmutzung und Platz, so weit das Auge reicht. Mit einigen Anpassungen, was Klima und Temperaturen angeht, wird der Rote Planet ein höchst angesagtes Ziel.

Flexible Reisezeiten

Früher dauerten Reisen monatelang. Heute können wir selbst anhand unserer freien Zeit bestimmen, wie lange wir im All bleiben wollen. Wer es eilig hat, reist mit Überschallraketen, die in ein paar Stunden zum Mond und zurück fliegen. „Freunde der Langsamkeit" können sich lange interstellare Kreuzfahrten auf riesigen Raumseglern gönnen, die von Sonnenstrahlung angetrieben werden.

Neue (und sauberere) Brennstoffe

Was die Raumreisen wirklich schnell und zugänglich macht, ist die natürlichste Substanz der Welt: die Luft, die wir atmen. Dank neuer Hybridtechnologien verbrennen die Motoren der Raketen nicht mehr flüssigen Sauerstoff wie früher, sondern atmosphärischen Sauerstoff, der in der Startphase von außen aufgenommen und komprimiert wird, um Energie zu erzeugen. Das Ergebnis? Weniger Vergeudung, mehr Flüge!

Weltall-Haute-Couture

Habt ihr die Taucheranzüge der Astronauten von früher vor Augen? Zeug für die Altkleidersammlung! Heute sind die Anzüge superdünn, passen sich der Temperatur an und gehen mit der Mode – mit einem Wort: unwiderstehlich! Und dank der neuen Stoffe mit sauerstoffhaltiger Strahlung, die zu 100 % atembare Luft abgeben, brauchen wir im All nicht einmal mehr einen Helm.

Hab, sweet Hab

Auf welchem Planeten auch immer wir sind, ein Dach über dem Kopf ist weiterhin unverzichtbar. Die „Habs" sind Kuppeln aus Regolith (dem Weltraum„sand"), die auch bei Meteoritenstürmen und kosmischer Strahlung fest am Boden bleiben und bis zu - 250 °C aushalten. Nicht schlecht, oder?

Variable Schwerkraft

Das Fehlen der Schwerkraft im All hat mit einem Mal aufgehört, ein Problem zu sein. Die neuen Raumanzüge können Schwerkraft erzeugen, wo sie fehlt, und dank riesiger isolierender Schutzkapseln ist es in den „Habs" sogar möglich, sie wie früher mit einem Thermostat zu regulieren.

Essen aus dem All

Aus den Planeten können wir nicht nur Eis herausholen, aus dem wir Wasser gewinnen, sondern auch nützliche Mineralien, um unseren Nahrungsbedarf abzudecken. Wie? Das ist der Verdienst spezieller kosmischer Stangenbohrer, die Hunderte Meter in den Boden graben können. Und wenn das Sternengemüse nicht ausreicht: kein Problem! Mit 3D-Speisedruckern war es noch nie so einfach, sich eine Star-Pizza oder einen Big-Bang-Hamburger zuzubereiten!

GEWÄCHSHAUS IM ALL

Hier ist Atemluft teuer, aber die Pflanzen, die dank
spezieller Schnellwuchsgene auch mit wenig Licht
und ohne Wasser keimen können, ernähren sich
von Kohlendioxid, das im All in großen Mengen vor-
handen ist. Sie geben nicht nur Sauerstoff ab,
sondern erzeugen auch einzigartig schmeckendes
Obst und Gemüse: Hydrokultursalat, blaue Äpfel und
Marskartoffeln sind so lustig, dass sie sogar „nach
Hause" exportiert werden!

KOSMISCHE ABENTEUER

Wer alles aus der Nähe erforschen und
anfassen möchte, für den sind „Lander" ideal,
spezielle Weltalljeeps, die sich intuitiv steuern lassen, auf jedem
Untergrund vorwärtskommen und, wenn nötig, Proben entnehmen
können – damit man in Echtzeit seine Analyseergebnisse auf die
Erde schicken kann. Da sie im Übrigen mit Sonnenwindenergie
fahren, verschmutzen sie nicht einmal die Umwelt!

DAS MUSEUM

Innovation, Technologie, Interaktivität. Und die Zielgruppe? Ein junges Publikum, das sehen und lernen, aber auch anfassen und mitmachen will. Dies sind die Elemente des Museums, das heute auf die Reize des Besuchers reagieren kann. Zwischen selbstsuggerierten Informationen, holografischen Projektionen und Augmented Reality – ins Museum zu gehen war noch nie so aufregend!

MASSGESCHNEIDERT

Unser Digitaler Assistent, der unsere Vorlieben kennt, führt uns auf dem für uns idealen Weg durchs Museum und lässt uns dabei genug Zeit, das Spektakel zu genießen. Während die Großen Mona Lisa bewundern, können die Kleinen zwischen Tieren und fliegenden Maschinen Abenteuer erleben.

SPASS MIT DEN DINOS

Wie findet ihr das, live zu sehen, wie die Dinosaurier lebten? Brontosaurier, T-Rex und Pterodaktylus werden als Hologramme vor unseren Augen lebendig. Und für die ganz Mutigen gibt es die Eintrittskarte „Extralive", die den Spaziergang neben unseren „ausgestorbenen Vorfahren" möglich macht. Nichts für Feiglinge!

ANREGUNG FÜR ALLE FÜNF SINNE

Ob Speisen oder die Flugmaschinen von Leonardo da Vinci, das Museum ist multi-sensorisch, besteht aus Formen, Gerüchen, Klängen, Geschmack und Farben, die lebendig werden, sodass wir zugleich ernen und Spaß haben. Endlose Stunden zu Fuß, passiv, vor Bildern oder Installationen, sind vorbei: Die Werke werden heute angeschaut und angehört, aber auch angefasst, berochen und … gegessen!

SOUVENIRS ZUM NASCHEN

Neben Büchern, Postkarten und Fotos kann man zwischen vielen Souvenirs entscheiden, die man gern mitnehmen möchte — welches Format oder welcher Geschmack darf es sein? Wollt ihr lieber ein Dinosauriereis, eine Freiheitsstatue als Keks oder eine ägyptische Pyramide aus Schokolade? Die Souvenirs werden in 3D vor dem Besucher ausgedruckt, der das Werk draußen „probieren" kann.

„FLOSSE UM FLOSSE" IN DER BLAUEN TIEFE

Wenn ihr das Meer liebt, bereitet euch auf einen Sprung in die Tiefe vor! Wirklich: Dank der Augmented Reality können wir uns jetzt auch in die Tiefen der Ozeane begeben, um in natura Wesen kennenzulernen, die wir vorher nur aus Bildern und Filmen kannten. Und zwischen Walhaien des Indischen Ozeans und Riesenkrabben des Japanischen Meers sind Abenteuer und Entdeckungen garantiert!

SPIELE UND SPIELZEUG

Kollektive Kreation, holografische Realität, cross-play: viele schwierige Wörter, die besagen, dass auch Spiele „social", virtuell und interaktiv sind. So sehr, dass es unmöglich scheint, ohne Bildschirm vor der Nase Spass zu haben. Oder … fast unmöglich. Denn neben dieser Fülle an Technologien gibt es die Spiele von einst, die zeitlosen Klassiker, die mit einigen Anpassungen die Zeit überdauert haben. Für Spielspass ohne Grenzen!

Ohne Grenzen

Die Parole lautet „keine Grenzen": Videospiele verbinden Tausende Spieler zugleich und diese können aus jeder Ecke der Welt kommen. Die Sprache ist kein Thema: Botschaften werden als bereits übersetzte Hologramme gehört und gezeigt und erleichtern Freundschaften, Austausch und Beziehungen.

Sport beim Spielen

Maus, Joystick und Tastatur sind vorbei, die neue tragbare Ausrüstung wie intelligente Helme und interaktive Trikots lassen uns physisch am Videospiel teilnehmen und „zwingen" uns, neben unseren Lieblingshelden zu laufen, zu springen und uns abzurollen. Mit einem Wort: in Form bleiben, ohne auf Spaß zu verzichten!

SPIELEN UND LERNEN

Videospiele bedeuten nicht nur „auf Gegner schießen" oder „Quests lösen". In den erfolgreichsten Spielen geht es darum, sich im All zu orientieren, um neue Welten zu entdecken, ein Auto zu bauen, das ohne Abgase fährt, oder Rezepte zu entwickeln, die mehr Menschen auf Erden vor Hunger bewahren. In diesen „edugames" spielt man, um gut zu sein!

MULTI-DIMENSIONAL

Dank superkompakter 3D-Visoren und holografischen Schirmen ist die Bildqualität der Videospiele einzigartig. Und dank der Augmented Reality können Quests auch in der realen Welt angesiedelt sein: Vielleicht müsst ihr Zonen eurer Stadt erobern oder euch mit euren Freunden verbünden!

SUPERSOZIAL

Videospiele belohnen auch die Einbindung anderer: Mit je mehr Spielern man zusammenarbeitet, desto höher die Punktezahl. Das ist etwas anderes, als sich allein im Zimmer vor einen Bildschirm zu hocken! Ob es um das Gewinnen einer Partie Basketball oder ums Überleben bei Schlangen und Krokodilen geht, die Regel ist immer die gleiche: Gemeinsamer Spaß zählt doppelt!

Alte Spiele – neue Systeme

Die Spiele von früher sind nicht ausgestorben, sondern nur modernisiert. Wie das Autorennen, bei dem man sich nur konzentrieren muss: Ein Mikrochip vermittelt zwischen unserem Gehirn und der Rennbahn. Stromversorgung ist kein Thema mehr, denn dank neuer lichtempfindlicher Materialien wird alles von Sonnenenergie angetrieben.

Grünes Spielzeug

In der Zeit des Bioplastiks und der organischen Materialien blieben nicht einmal die Klassiker, wie sie waren: Heute sind die Superhelden nicht nur selbstgemacht, werden zu Hause in 3D ausgedruckt und sind zu 100 % personalisierbar, sondern auch recyclingfähig und kompostierbar. Spielzeug und Ökologie passen endlich zusammen!

Puppen und Roboter

Egal, ob ihr lieber Puppen oder Roboter habt: Wichtig ist, dass sie heute reden, denken und mit uns interagieren. Ihr habt richtig gelesen: Puppen, alle programmierbar und steuerbar über Apps, können mit uns reden, lachen, Witze machen, sich uns anvertrauen, lernen ... und uns sogar bei den Hausaufgaben helfen!

WEIL ES GEMEINSAM SCHÖNER IST

Spiele aus der Schachtel, auf dem Tisch, Gesellschaftsspiele … auch sie haben sich entwickelt. Früher saß man auf dem Teppich im Kreis, heute kann man von weit weg virtuell miteinander spielen, vielleicht während man im Park läuft, auf dem Sofa Musik hört oder im Fitnesscenter Sport betreibt. Nur eines hat sich nicht verändert: die Freude daran, etwas gemeinsam zu tun!

HYPERREALE BAUKLÖTZE

Stellt euch ein Haus aus Bauklötzen vor, das brennt, Feuerwehrleute, die es löschen. und einen Tanklastzug, der das Wasser auf der Spielzeugeisenbahn mit viel Pfeifen und Rattern heranschleppt. Fantasie? Keineswegs! Dies ist Augmented Reality. Und die Türme und Schlösser aus kleinen Ziegeln gibt es auch im schwerelosen Modus: Sie wiegen weniger, brauchen weniger Platz und … fallen nicht um!

DIE GROSSEN KLASSIKER

All diese technischen Spielereien sind wirklich begeisternd, aber … ihr wollt endlich einmal mit einem richtigen Ball spielen oder eine Puppe kämmen? Technologien gehören fest in unsere Gegenwart, und dennoch kommen die einfachen und alten Spielsachen, mit denen schon unsere Eltern und Großeltern aufgewachsen sind, nie aus der Mode!

THEMEN-PARKS

Wenn ihr bei „Vergnügungspark" noch immer an Riesen-räder, Karussells und Autoscooter denkt, seid ihr auf dem Holzweg! Technologie dient heute auch zur Unterhaltung: Dank 3D- und 4D-Druckern sind Schauplätze und Personen Realität, in die wir „einsteigen" können, mit lebensgrossen Hologrammen und Reizen für alle Sinne.

Achterbahn

Über interaktive Armbänder erkennen Achterbahnen die Vorlieben und den Seelenzustand der Passagiere: An Bord reicht es aus, die gewünschte Intensität auszuwählen, sich anzu-schnallen und … ab geht's mit Voll-gas! Ein Pulsmesser misst die Reaktion des Körpers auf Beschleunigungen, Ruckeleien und Loopings, berechnet in Echtzeit die Strecke und gestaltet so die perfekte Attraktion für uns und unsere Nerven!

(Fast) echte Piraten

Wollt ihr eintauchen in eine See-schlacht mit Kanonendonner zwischen der Republik Venedig und Seeräubern im Mittelmeer? Heute geht das! Die Boote schwim-men in einem virtuellen Meer und werden geschüttelt, wenn sie getroffen werden oder gegen Felsen treiben. Die „Gäste" können sogar eine Kanone steuern, die für „echte" Explo-sionen sorgt.

Mit ausgebreiteten Flügeln ins Abenteuer

Die modernen Flugsimulatoren können heute auf bewegliche Sitze, Windböen, Wolken, Wasser und realistische Gerüche setzen, die das Gefühl vermitteln, in der Luft zu schweben und sich den Widrigkeiten des Himmels zu stellen. Ihr glaubt das nicht? Entscheidet selbst, ob ein 50-Meter-Luftloch oder ein Todesflug auf einem Jet bei euch für einen größeren Adrenalinkick sorgen!

Spass mit den Tieren

Wie wäre es, einige Stunden auf der Kruppe einer Giraffe zu verbringen? Oder mit einem Adler von ganz oben im Sturzflug zur Erde hinabzuschießen? Mit der neuen Technik der Miniaturisierung, die uns klein wie einen Floh macht und vor indiskreten Blicken schützt, ist der Spaß doppelt so groß, besser noch: grenzenlos!

Splash!

Wasserparks sind immer noch ein Hit! Hier gibt es heute Katapulte für Kopfsprünge in reibungs- und aufprallsicheren Trikots aus einst undenkbaren Höhen, Luft-Wasser-Tunnel, die man in transparenten, hyperleichten Kapseln mit schwindelerregender Geschwindigkeit durchfährt und Abenteuer in Unter-see-Scootern in Riesenhologrammen, die die unverseuchten Meeresböden zeigen.

DER SPORT

IMMER TOPFIT

Schluss mit Kniebeugen und Liegestütz auf übel riechenden Matten am Boden. Heute verbrennen wir Kalorien virtuell. Wie das? Ganz einfach: Wir besteigen eine Sportwiege, ein holografisches Skelett, das uns über dem Boden trägt und die Muskulatur arbeiten lässt, während wir Spaß haben. So sind wir immer in Form!

ÜBERALL UND FÜR ALLE

Musstet ihr mal auf den Sport eurer Träume verzichten, weil er zu teuer war oder weil die Anlagen zu weit weg waren? Welche Ungerechtigkeit! Heute gibt es E-Sport, elektronische Sportarten. Dank tragbarer Geräte und holografischer Sportbekleidung können wir uns physisch auf ein Spielfeld „projizieren" und unsere Energie „auf die Straße bringen", ohne uns aus dem Haus zu bewegen.

90

E-SPORT-OLYMPIADE

E-Sports sind vollwertige olympische Sportarten mit nationalen Verbänden, Verhaltensregeln und strengen Dopingkontrollen. Die Athleten können allein oder in Mannschaften antreten, hart trainieren — jedoch nicht länger als sechs Stunden am Tag: das ist schlecht für die Augen und den Körper — und sich in echten Wettkämpfen miteinander messen. So sind Spaß und Leidenschaft tatsächlich unbegrenzt!

SKATEBALL

Habt ihr die üblichen Sportarten satt und wollt etwas Neues ausprobieren? Kein Problem, ihr habt die Qual der Wahl! Zum Beispiel ist da der Skateball, ein Mix aus Skateboard und Fußball, bei dem Tore geschossen werden müssen, ohne den Ball mit den Füßen zu berühren, sondern mit der Standfläche des Boards und einem Schwall von Dribblings, und das in beeindruckender Geschwindigkeit. Gebt es zu: Ihr könnt es kaum erwarten!

ROLLERDERBY

Wer auf Adrenalin steht, spielt Rollerderby, in dem zwei Mannschaften auf Inlineskates auf einer ovalen Piste gegeneinander antreten, in einem Wettkampf um Tempo, Technik und Strategie. Duelle und Stürze bleiben nicht aus, doch dafür gibt es Helme und Schützer, während Fouls mit Händen und Füßen streng bestraft werden. Und … vor allem die Mädchen sind auf Rollerderby verrückt und richten sich dafür wild her, mit bunten Haaren, greller Schminke und fluoreszierendem Zahnschutz.

QUIDDITCH

Visionäre dagegen spielen Quidditch. Reich an Duellen und dramatischen Szenen, erinnert dieser Sport „für mutige Zauberer" ein wenig an Polo, an Rugby und an Basketball. Gespielt wird in einem großen ovalen Feld auf einem Besenstiel reitend und mit vier Bällen, mit denen Tore gemacht werden können.

FUSSBALL

Fußball und unmodern? Niemals! Doch er wurde um wichtige Neuheiten bereichert, wie die „orangefarbene Karte" für einen Ausschluss auf Zeit (15 Minuten) oder den Special Visor „Modell Falkenauge" für Schiedsrichter. Doch die größte Neuerung ist der VAR in 3D, der dank Sensoren in den Stollen der Spieler auf den Millimeter genau die Bewegungen verzeichnen und Fouls sowie Regelbrüche aufzeigen kann.

VOLLEYBALL

Die ewig Unentschlossenen zwischen Volleyball und Beachvolleyball können aufatmen: Dank der neuen holografischen Spielfelder, die sich in Echtzeit je nach Art der Partie verwandeln können, ist der Wechsel von Halle in Sand eine Frage von Sekunden. Und dann sind da noch die neuen Freejump-Sohlen, mit denen Spieler bis zwei Meter hoch springen können — ihre Schmetterbälle sind dann zum Fürchten!

BASKETBALL

Wolltet ihr immer schon so gut sein wie Michael Jordan, Larry Bird oder „Magic" Johnson? Dieser Traum könnte Wirklichkeit werden! In speziellen „Replikat-Trikots" könnt ihr die Spielweise eures Extraklassespielers übernehmen! Und dann gibt es noch Basketball pro mit Bällen und Körben, deren Gewicht und Höhe sich von selbst der Körperkraft und Größe des Spielers anpassen, der gerade am Ball ist.

SCHWIMMEN

Schnell wie ein Fisch im Wasser? Jetzt ist das möglich, dank der neuen Schwimmanzüge aus Quallengelatine, deren außergewöhnliche Gleitfähigkeit Geschwindigkeiten über 50 km/h möglich macht. Und die alten Schwimmbrillen? Heute gibt es neue Unterwasserlinsen, die an der Haut haften und ein für alle Mal verhindern, dass sie beschlagen oder dass Wasser eindringt. Nicht schlecht, oder?!

50+ KM/H

RHYTHMISCHE SPORTGYMNASTIK UND ARTISTISCHE GYMNASTIK

Ihr habt das immer für einen Sport für etwas versnobte Mädchen gehalten? Gut, denkt um: Jetzt gibt es Dark Gym! Die Athleten tragen besondere Gymnastikschuhe, die zuvor undenkbare akrobatische Leistungen ermöglichen. Besondere Gymnastikanzüge verwandeln die Körper in farbige Hologramme, die leuchtende Streifen hinterlassen, mit denen man wahre Kunstwerke in die Luft zeichnen kann — Gymnastik, wie ihr sie noch nie gesehen habt!

GLOSSAR

3D- UND 4D-DRUCKER

Technologie zum Erzeugen dreidimensionaler Objekte (daher 3D) aller Art durch Recycling von Abfällen anderer Prozesse: von Alltagsgegenständen bis zu Kunstwerken, von Spielzeug bis zu Mahlzeiten. Die Weiterentwicklung ist der 4D-Drucker, dessen Erzeugnisse im Laufe der Zeit Form und Größe verändern können.

ADAPTIV

Adaptiv ist ein Material, das Form und Konsistenz verändert, um sich äußeren Bedingungen oder der Funktion, die es ausüben soll, anzupassen. Es kann sich um ein elektronisches Gerät handeln (wie die Brillen, die je nach Anlass die Form wechseln), um ein Gewebe (selbstregulierend in Länge, Konsistenz und Dichte – je nach Klima und Außentemperatur) oder ein mechanisches Objekt (wie die Räder eines Autos oder Fahrrades, die sich je nach dem Boden, auf dem wir fahren, verändern).

AUGMENTED REALITY (ERWEITERTE WIRKLICHKEIT)

Eine Technologie, die die Wirklichkeit „bereichert". Den realen Informationen, die wir normalerweise wahrnehmen, können multimediale Informationen in Form von optischen Elementen (Bilder, Texte, Grafiken, Zahlen), akustischen Elementen (Worte, Klänge, Geräusche) oder manipulativen Elementen (Handschuhe) hinzugefügt werden. Ein Beispiel? Die Autoscheiben, auf denen in Echtzeit die Informationen zum Zustand des Autos oder der Landschaft, durch die wir fahren, projiziert werden.

BIOENERGIE

Saubere Energie, basiert auf dem ausgewogenen Einsatz natürlicher Ressourcen und ist zu 100 % umweltverträglich. Dazu gehören erneuerbare Energien (Sonne, Wind, Bewegung), die Verwendung organischen Abfalls und eine „grüne" Bauweise.

DEVICE

Jedes elektronische Gerät, das auf verschiedene Bedürfnisse eingeht und mehrere Funktionen zugleich erfüllen kann. Es kann extern (zum Einstecken) oder integriert sein (zur Anwendung am Auto oder Fahrrad).

DIGITALER ASSISTENT

Multifunktionales elektronisches Gerät, das viele Aktivitäten ausüben kann; man kann es ums Handgelenk tragen wie eine Uhr, in die Tasche stecken wie eine Brieftasche, als Bildschirm verwenden … Der Digitale Assistent ist ein bisschen Telefon, etwas Fernsehen, ein wenig GPS und ein bisschen Bankomat.

DROHNE

Fluggerät unterschiedlicher Größe (zwischen einigen Zentimetern und zig Metern) ohne menschlichen Piloten an Bord. Den Flug steuert ein Navigator am Boden, wie bei Raumfahrten und Flügen zum Transport von Müll von einem Ort auf dem Planeten zum anderen.

FORMGEDÄCHTNIS

Gegenstände mit Formgedächtnis können sich an ihre frühere, für eine bestimmte Aufgabe festgelegte Form erinnern, auch wenn sie zwischenzeitlich umgeformt werden. Das gilt für elektronische Geräte wie intelligente Bildschirme, die sich je nach Bedarf des Nutzers „glätten" oder „zusammenstauchen", aber auch für Gegenstände aus 4D-Druckern, die für den Transport komprimiert und hinterher in ihre vorgesehene Form und Größe entpackt werden können.

GRAPHEN

Besteht aus einer extrem dünnen Schicht Kohlenstoff (so dick wie ein Millionstel eines Haares), wird zum Bau von Eisenbahnstrecken verwendet und ist das widerstandsfähigste (200-mal stärker als Eisen), leichteste und flexibelste Material, das Menschen je geschaffen haben.

HOLOGRAMM

Bild aus Laserwellen, die eine dreidimensionale Abbildung des dargestellten Gegenstandes erzeugen. Hologrammtechnik findet im Gebiet der Telekommunikation und der Unterhaltung Anwendung. Sie erlaubt uns zum Beispiel, vor unseren Augen einen Dinosaurier zu sehen, der seit Millionen von Jahren ausgestorben ist, oder die Hauptdarsteller unserer Lieblingsserien.

HYDROKULTUR

Eine Technik, Pflanzen ohne Erde in einer Nährlösung zu ziehen. In mikroskopischem Maßstab betrieben, sorgt die Hydrokultur für einen ganzen Garten in Griffweite des Herdes.

MICROCHIP

Mikroskopisch kleiner Teil eines elektronischen Schaltkreises mit unglaublich großer Speicherkapazität. Da sie in der Lage sind, eine hohe Zahl von Funktionen gleichzeitig abzuwickeln, befinden sich Mikrochips „versenkt" in Gegenständen des täglichen Bedarfs (wie Kleidung, Schuhe, Spielzeug), doch sie sind so klein, dass sie für das bloße Auge unsichtbar sind.

MODULAR

Als modular bezeichnet man jedes System, das aus verschiedenen, untereinander austauschbaren Elementen besteht. Im Bereich der Transportmittel gestattet diese Technik, einzelne Waggons, Autos oder Kabinen an eine großformatige Karawane einfach an- und wieder abzuhängen.

OLED (ORGANIC LIGHT EMITTING DIODE, ORGANISCHE LEUCHTDIODE)

Technologie zum Einsatz in Farbbildschirmen, die eigenes Licht absondern können. Im Unterschied zu Flüssigkristallen, die eine externe Lichtquelle brauchen, erfordern OLED-Displays keine zusätzlichen Komponenten, um zu leuchten. Sie sind ultradünn, biegbar und einrollbar und brauchen zum Funktionieren nur sehr wenig Energie.

POD

Abtrennbare, unabhängige Einheit eines modularen Transportmittels. Im weiteren Sinn bezeichnet Pod jede abnehmbare Kabine eines Fahr- oder Flugzeugs (zum Beispiel eines Zuges oder eines Airbus), die vor der Abreise bequem an einem beliebigen Standort bestellt werden können.

VISOR

Eine Art Brille, die die realen Gegenstände, die eine Person sieht, filtert und um virtuelle Elemente wie Bilder, Grafiken, Texte und Klang bereichert. Der Visor gestattet es auch, im „privaten Modus" fernzusehen und kann dank spezieller Sensoren Bewegungen des Körpers in der realen Welt in die virtuelle Welt übertragen, etwa um mit den Gegnern unseres Lieblingsvideospiels zu kämpfen.

WEARABLE

Aus dem Englischen stammendes Fachwort für eine Technologie zum Anziehen: zum Beispiel intelligente Sturzhelme und interaktive Anzüge zum Spielen oder (kostenpflichtige) elektronische Geräte, die in diese Anzüge integriert sind.

Erstveröffentlichung unter dem Titel
„È arrivato il futuro"
© Dalcò Edizioni S.r.l., 2018
Via Mazzini, 6
43121 Parma
www.dalcoedizioni.it

Genehmigte Lizenzausgabe
EDITION XXL GmbH
Industriestraße 19
64407 Fränkisch-Crumbach 2019
www.edition-xxl.de

ISBN 978-3-89736-696-1

Text: Enrico Passoni
Illustration: Tommaso Vidus Rosin
Grafikdesign: Cristiana Mistrali
Layout: Concetta Lanza
Übersetzung: Ulrike Müller-Kaspar/Die Textwerkstatt